Lydia Richter · Karin Schmelcher

HEUBACH~PUPPEN

Gebr. Heubach · Lichte 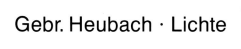  Ernst Heubach · Köppelsdorf

Charakterpuppen · Figurinen

Laterna magica

Herausgeber: Joachim F. Richter
Text: Lydia Richter/Karin Schmelcher S. 8/10/12/13.
Lydia Richter S. 18 rechte Spalte · S. 19/20/21/22/23/25/110/127/142.
Karin Schmelcher S. 6/7/14/15/16/17/S. 18 linke Spalten · S. 26/27/28/100/114/128 linke Spalten S. 129/S. 138.
Die Bildunterschriften für die Puppen und die Halbpuppen sowie die Erläuterungen dazu: Lydia Richter.

Fotonachweis:
Ein Großteil der Abbildungen stammt von Ulrike Reinker: Titelbild, Seite 4, Abbildungen Nr.: 2/15/25/26/27/29/30/32/33/35/39/41/47/50/53/54/55/56/57/59/60/61/62/69/70/71/72/73/75/76/77/81/82/83/89/90/95/100/101/103/104/105/112/114/116/117/118/120/121/130/131/133/137/138/153/154/165/178/181/190/191/192/193/194/195/196/197/198/199/201/205/209/211/213/216/219/220/223/225/226/267/268

Die übrigen Abbildungen lieferten:
Dr. E. Ansarian/Bild 8/9b/12/23/48/49/91/92/151/152/172;
Alfred Barsotti: Bild 182/183;
Ingeborg Beil: S. 24 Bild 3/14/97-99/146/147/250-253
Ursula Gauder: Bild 132/249;
Dietrich Graf: Bild 17/40/93/94/125/135/160/167/189;
Christiane Gräfnitz: Bild 21/227;
Barbara Haacke: Bild 245;
Christa Hartl: Bild 45/166;
Rainer Heubach: S. 11;
Anne Jackson: S. 25 o.l./Bild 4/7/65/80/86/87/102/108/109/113/126-129/139-141/143-145/155/156/161-163/175-177/179/202/217/236/241/242
Matthias Lossnitzer: Bild 36/239/240/243/275;
Bruno Kapahnke: Bild 68/174/273/274;
Petra Prillwitz: Bild 96/122/123/124/187
Ingrid Richen: Bild 159;
Joachim F. Richter: S. 11 r. S. 16/Bild 64/74/134/158/173/180/184/186/208/214/221/233/237/238/244/246/268-272;
Lydia Richter: Bild 31/37/38/44/47/51/52a/52b/58/63/157/168/169/185/188/200/215/222/247/248/ S. 138;
Piet v. d. Sluis: Bild 111/277;
Karin Schmelcher: Bild 10/34/170;
Eva-Maria Sommerrock: Bild 167/276;
Carol Anne Stanton: Bild 5;
H. Stähli: Bild 6/11/18/22/24/117/119/136/150/235;
Fr. Steiner, Museum: Bild 148;
Foto Uhlenhut: Bild 20;

Quellennachweis:

Georgine Anka, *Puppen & Spielzeug,* Heft 2/1976; *Cieslik's Lexikon der deutschen Puppenindustrie;* Dorothy S., Elizabeth A. und Evelyn J. Coleman, *The Collector's Encyclopaedia of Dolls; The Collectors Encyclopedia of Half-Dolls by Frieda Marion and Norma Werner;* Jan Foulke, *Gebrüder Heubach Dolls;* Jan Foulke, *Blue Book – Dolls & Values,* Band 2 – 8; Dietrich Klebe, *Über die Geschichte der Porzellanindustrie im östlichen Thüringer Wald . . . ;* Peter Lange, *Wie es zur Gründung der Maler- und Modellierschule Lichte und der Zeichenschule Gräfenthal kam;* Helmut Scherf, *Thüringer Porzellan;* C.A. Stanton, *Heubach's Little Characters;* Theriault's Versteigerungskataloge; Theriault's *Doll Registry* Vol. III;

Leihgaben: Die Autorinnen und der Verlag danken dem nachfolgend aufgeführten Personenkreis, der durch Leihgaben oder Überlassung von Fotos wertvoller Puppen und durch anderweitige Unterstützung zum Gelingen dieses Buches beigetragen hat: Auktionshaus Ernst, Fr. Heldrung, Anita Eckner, Janette Fink, Ursula Gauder-Bonnet, Barbara Haacke geb. Heubach, Dorothy Hertig, Claus-Peter Jörger, Werner Kesting, Carin Lossnitzer Puppenmuseum Coburg, Fr. v. Mendelssohn, Fr. Merkhofer, Gary R. Ruddell, Piet v. d. Sluis, Fr. Steiner Puppenmuseum Stein am Rhein, Fr. Vogt, Fr. Wonneberg, Richard Wright.

© 1989 by Verlag Laterna magica Joachim F. Richter, 8000 München 71. Alle Rechte, auch die der Verbreitung durch Film, Funk und Fernsehen, der Übersetzung, foto- und klangmechanischen Wiedergabe und des auszugsweisen Nachdrucks, vorbehalten.
Herstellungsleitung: Günther Herdin, München
Satz: satz-studio gmbh,
8854 Asbach-Bäumenheim
Druck: Schoder Druck, 8906 Gersthofen
Offsetreproduktionen: Fotolito Longo, Frangart

ISBN 3-87467-383-9
Printed in Germany

Inhalt

Vorwort	5
Die lustigen Heubach-Kinder	6
Die Nacherfindung des Porzellans	8
Die Firmengeschichte von Heubach, Kämpfe & Sontag, Wallendorf	10
Die Firmengeschichte der Gebrüder Heubach, Lichte	12
Firmentypische Merkmale der Firma Gebr. Heubach – eine Erkennungshilfe	13
Puppenköpfe	13
Intaglio-Augen	13
Glasaugen	14
Augenbrauen	14
Mund, Ohren und modellierte Haare	14
Rosa durchgefärbtes Porzellan	15
Porzellanqualität	15
Bemalung	15
Die Modellierkunst der Firma Gebr. Heubach	15
Puppenkörper für die Puppenköpfe der Firma Gebr. Heubach	16
Markierungen und Seriennummer Gebr. Heubach	16
Das (zunächst) verwirrende Nummernsystem der Gebr. Heubach	18
Rekonstruieren von Seriennummern der Firma Gebr. Heubach	19
Seriennummernliste der Firma Gebr. Heubach	20
Puppen-Namen für Puppenköpfe der Gebr. Heubach	22
Hilfestellung beim Identifizieren von ungemarkten Gebr.-Heubach-Puppen anhand des Bildmaterials in diesem Buch	23
Die Poutys der Gebr. Heubach	26
Weitere Heubachfirmen	26
Sammlertips – Wo kann man Heubach-Puppen kaufen und worauf ist zu achten?	26
Die Heubach-Jumeau – ein seltenes Puppenkind	100
Wo sind die Halbpuppen der Gebr. Heubach?	110
Die volkstümliche Kunst der Heubach-Porzellanfiguren – ein Balanceakt zwischen Kitsch und Kunst	114
Verwechslungsgefahren	127
Die Firmengeschichte von Ernst Heubach, Köppelsdorf	128
Die Kleidung von Charakterpuppen	138
Sammlerkriterien für Gebr.-Heubach-Puppen	140
Reproduktionen	142

Sogenanntes Pouty der Firma Gebr. Heubach ·
mit der Seriennummer 6969 markiert · besonders schönes Charakter-Puppenmädchen in sehr feiner Qualität · 44 cm groß · ca. 1910.

Vorwort

«Heubach, das ist eine Legende», so hat sich eine engagierte Puppensammlerin ausgedrückt, als wir sie auf einer Puppenbörse nach ihrer ganz persönlichen Meinung über Heubach-Puppen gefragt haben, und bei einer ähnlichen Veranstaltung rief eine Sammlerin enthusiastisch aus «Oh, welch wunderbare Heubach-Puppen!» Treffender und kürzer konnte sie wohl nicht ihre Liebe für Heubach-Puppen formulieren.

Unter den verschiedenen Heubach-Firmen dominieren zweifellos die beiden Unternehmen Gebr. Heubach und Ernst Heubach. Folgerichtig ist es nur sinnvoll, wenn sich dieses Buch schwerpunktmäßig diesen beiden Firmen und ihren Erzeugnissen widmet, auch wenn die anderen Firmen angemessen vorgestellt werden.

Heubach-Puppen waren ein Wunschtraum der Kinder und ihrer Mütter jener Zeit wie der Sammlergemeinde unserer Tage. Um dies nachvollziehen zu können, bedarf es nur der Aufzählung einiger Glanzlichter, bei der auf die Chronologie verzichtet werden kann. So hat sich Heubach beispielsweise mit seinen vielfältigen Charaktertypen Anerkennung und Zuneigung erworben. Man denke nur an die Googlys, einen «Crooked Smile», die Dreigesichterpuppe mit lachendem, weinendem und schlafendem Gesichtsausdruck, die «Dolly Dimple», die «Singende Susanna», den «Pfeifer» und viele mehr. Heißgeliebt wird auch die «Coquette» mit ihrem freundlichen Gesicht. Nicht weniger begehrt ist die traurig dreinblickende «Pouty»-Puppe mit ihren sanften Gesichtszügen. Die Typenvielfalt der Heubach-Charakterpuppen und die Lebendigkeit der Kindergesichter ist unübertroffen.

Ja, die Heubachs waren Meister in der Modellierkunst und im Schaffen neuer Puppentypen. Mit vollendet ausgeführten Intaglio-Augen gaben sie vielen ihrer Puppen ein für sie typisches Markenzeichen mit auf den Weg.

Dennoch wollen wir nicht die Porzellanfiguren, die sogenannten Figurinen, unerwähnt lassen, die seinerzeit fast jede Wohnstube des Bürgertums zierten. Diese Figuren zeugen von großem künstlerischem Können, woran auch die Tatsache nichts ändert, daß sie heute von so manchem als Kitsch abgetan werden.

Als mit den redaktionellen Arbeiten für dieses Buch begonnen wurde, standen die Autorinnen vor einem Chaos an ungeordneter Vielfalt. So gesehen, kommt dem Artikel «Das (zunächst) verwirrende Nummernsystem» erhöhte Bedeutung zu. Dieses Buch muß man sich erarbeiten, «weil Heubach es so will».

Daß für dieses erste große Heubach-Buch viele authentische Unterlagen zur Verfügung standen, ist hilfsbereiten Menschen ebenso zu danken wie Fachleuten und erfahrenen Sammlern.

Joachim F. Richter
Herausgeber

Mädchen- und Knabenpuppen

Die lustigen Heubach-Kinder

Heubach-Puppen könnte man mit gutem Grund auch Heubach-Kinder nennen, denn es sind vollendete Kinderporträts, die diese Firma hergestellt hat. Heubach-Köpfe unterscheiden sich wesentlich von den herkömmlichen Puppengesichtern, die den größten Teil der deutschen Puppenproduktion um 1910 ausmachten. Hierbei meinen wir hauptsächlich die Erzeugnisse der Firma Gebrüder Heubach in Lichte, deren Produktion von Charakterköpfen sich nahtlos an die Herstellung von Figuren mit Kindermotiven anschließt, mit denen sie schon seit Jahren den Markt beliefert hatte. Von Ernst Heubach in Köppelsdorf kennen wir auch einige Charakterköpfe, aber die unüberschaubar große Vielfalt der verschiedensten Gesichtstypen kommt aus dem Hause der Gebrüder Heubach.

Als um 1908 die ersten Charakterpuppen auf dem deutschen Markt erschienen und sich innerhalb von zwei Jahren zu einem großen Verkaufserfolg entwickelten, war es für die Firma Gebrüder Heubach ein leichtes, hier mitzumachen. Die Kinderfiguren, die sie schon seit langen Jahren herstellte, besaßen vollendete Charakterköpfchen und eigneten sich daher ohne weiteres auch als Modelle für Puppenköpfe. Hierbei konnte diese Firma auf ausgezeichnete Modelleure und Porzellanmaler zurückgreifen, die sie aus der am Ort befindlichen «Modellier- und Malschule Lichte» übernahm.

Für uns Sammler sind diese Charakterkinder ein Anlaß zur Freude und zum Staunen, denn unglaublich vielseitig und lebensecht sind die Kopfmodelle, die diese Firma herausgebracht hat. So unübersehbar groß sind die verschiedenen Gesichtsvarianten, daß wir immer noch nicht alle Modelle kennen. Wir haben in diesem Buch versucht, eine möglichst vollständige Liste der Seriennummern aufzustellen, dennoch ist uns klar, daß diese schon in einigen Jahren zu ergänzen sein wird, denn immer noch tauchen neue Gesichter auf. Es ist folglich auch kaum möglich, eine vollständige Heubach-Sammlung aufzubauen, so verführerisch das auch wäre! Um die zweihundert verschiedene Seriennummern für Köpfe sind uns bis heute bekannt. Dabei beginnt die Puppenkopfserie bei der Nummer 5500 und endet, wie wir annehmen, bei der Seriennummer 13000. Wie viele neue Nummern könnten da noch auftauchen! Natürlich sind viele Modelle mit verschiedenen Nummern einander sehr ähnlich, wenn nicht gar gleich. Auch sind einige Nummern in dieser Reihe für Porzellanfiguren reserviert, die nach wie vor produziert wurden. Dennoch ist das Sammelgebiet fast unerschöpflich, und manch ein Puppensammler hat sich inzwischen ganz auf Heubach-Puppen spezialisiert.

Ob nun eine oder viele Heubach-Puppen, in einer Sammlung sind sie immer ein belebendes Element, «das Salz in der Suppe», wie ein Liebhaber sich ausdrückte. Mit ihnen lassen sich lustige Szenen darstellen (siehe Titelfoto oder Abb. 41), und die vielen Knabenpuppen sorgen für eine gewisse Gleichberechtigung in einer sonst vorwiegend von Mädchen beherrschten Szene. Es sind aber nicht nur die vielen Knabenpuppen, sondern vor allem die vielseitigen kindlichen Ausdrucksvarianten mit ihrem verblüffenden Realismus, die uns begeistern. Zwischen Lachen und Weinen zeigen sie uns alle kindlichen Emotionen.

Wir haben uns mit diesem Buch die Aufgabe gestellt, einen Eindruck von dem vielseitigen Schaffen dieser Firma zu vermitteln. Mit zum Teil ganzseitigen Farbaufnahmen sollte uns dies gelingen, und gleichzeitig können wir so die Arbeitsweise und den Malstil dieses Herstellers deutlich machen.

Einen Teil des Buches haben wir den Porzellanfiguren der Gebrüder Heubach gewidmet, denn sie machen die Ähnlichkeit mancher Gesichter mit Puppenköpfen recht deutlich, und die sogenannten Heubach-«Familienähnlichkeit» wird durch sie noch anschaulicher. Außerdem stellen sie einen so bedeutenden Schwerpunkt der Firmenproduktion dar, daß wir sie nicht unerwähnt lassen wollten.

Natürlich haben wir auch die Puppen von Ernst Heubach in Köppelsdorf nicht vergessen, dessen Arbeit sich jedoch mehr an der weltweit so erfolgreichen Modellreihe herkömmlicher Puppengesichter orientierte und dessen Puppen sich in der Mehrzahl nicht wesentlich von den Produkten anderer deutscher Hersteller unterscheiden. Andere Mitglieder dieser großen Familie von Porzellanherstellern haben wir erwähnt, soweit sie sich mit der Herstellung von Puppenköpfen befaßten, wie Heubach, Kämpfe & Sontag in Wallendorf oder die Firma Julius Heubach in Lauscha. Leider sind von ihrer Arbeit nur wenige gesicherte Exemplare bekannt, und so haben wir uns darauf beschränkt, sie hier lediglich zu erwähnen.

Mit dem Namen Heubach verbinden wir Sammler hauptsächlich die reizenden Charakterköpfe der Gebrüder Heubach, die zu ihrer Zeit vielleicht nicht so erfolgreich waren wie die Produkte anderer großer deutscher Puppenfabrikanten, heute aber gesuchte Sammelobjekte darstellen, die begehrt sind, gerade weil sie so anders sind. Da sie in ihrer Eigenwilligkeit nicht dem Geschmack der Masse entsprechen und folglich auch nicht in Millionenstückzahlen hergestellt wurden, sind sie, von einigen Kopfmodellen abgesehen, auch ziemlich selten.

Die Bedeutung der Charakterpuppe in ihrer Zeit

In einem Buch über Charakterpuppen liegt es nahe, etwas ausführlicher auf die große Bedeutung dieses Puppentyps innerhalb der Puppengeschichte einzugehen. Der plötzliche und große Erfolg der Charakterpuppe und das verhältnismäßig rasche Ende sind zu erstaunlich, als daß man einfach darüber hinwegsehen könnte.

Die Wirkung, die die Charakterpuppe bei ihrem Erscheinen hervorrief, kam einer kleinen Revolution gleich. Die traditionellen und eher idealisierten Puppenköpfe der Jahrhundertwende hatten plötzlich realistische Kindergesichter mit sehr menschlichen Gefühlsregungen wie Lachen, Weinen oder Schmollen bekommen, sogar einige ganz dreist schauende Lausbuben waren darunter! Befürworter und Gegner dieser «Puppenreform» lieferten sich in Tageszeitungen und Fachblättern heftige Gefechte, und es ist für uns Sammler heute amüsant, aber auch befremdlich, nachzulesen, mit welcher Heftigkeit diese Duelle geführt wurden. Ein beachtlicher Teil der Käufer aber liebte diesen neuen Puppentyp, dessen plötzlicher Erfolg selbst für den ersten serienmäßigen Hersteller, die Firma Kämmer & Reinhardt, eine Überraschung war. Als finanzkräftiges Unternehmen, das Neuerungen immer aufgeschlossen gegenüberstand, hatte Kämmer & Reinhardt die Anregungen von Puppenkünstlern einer kunstgewerblichen Ausstellung von 1908 in München übernommen und eine eigene Charakterserie in Auftrag gegeben. Wir kennen alle die berühmte 100er Serie von Kämmer & Reinhardt, die nach anfänglichem Zögern gegen 1910 zu einem riesigen Verkaufserfolg wurde. Andere Firmen nahmen die Charakterpuppe ebenfalls in ihr Programm auf, um konkurrenzfähig zu bleiben; selbst die Firma S.F.B.J. in Frankreich konnte sich diesem Trend nicht verschließen. Der Erfolg der Charakterpuppe war nicht mehr aufzuhalten, nicht in Europa und schon gar nicht im weniger traditionsgebundenen Amerika. Was aber war so neu an dieser Puppe, daß sie eine solche Aufregung hervorrufen konnte?

Zu Anfang des Jahrhunderts wurde der Markt von einer Puppe mit klassischem Puppengesicht beherrscht, einem eher idealisierten Kindergesicht, dessen Hauptmerkmale große Unschuldsaugen und ein kleines Mündchen waren. Ohne offenen Mund mit Zähnchen und ohne Schlafaugen war eine solche Puppe kaum mehr denkbar. Das Modell 390 von Armand Marseille verkörpert diesen Typ perfekt, dessen Produktion in Millionenhöhe alles über seine weltweite Beliebtheit aussagt. Dieses etwas stereotype Puppengesicht gab es mit kleinen Variationen auch von vielen anderen deutschen Herstellern, mit dem Ergebnis, daß sich die meisten Puppen dieser Epoche ähnelten. Im Gegensatz zu ihnen waren die Charakterpuppen mit ihrem Realismus und ihrer fast unerschöpflichen Vielfalt an Typen- und Ausdrucksvarianten etwas wirklich umwälzend Neues.

Dabei war der Charakterkopf nicht wirklich eine neue Idee. Sowohl in Frankreich als auch in Deutschland waren schon früher Versuche unternommen worden, Puppen mit ausgeprägten Charakterzügen auf den Markt zu bringen. Die Zeit war dafür aber noch nicht reif, sie blieben ohne Erfolg. Nach 1900 setzte sich langsam eine veränderte Einstellung zum Kind durch. Endlich sah man in ihm nicht mehr nur den kleinen Erwachsenen, sondern das Kind als Eigenpersönlichkeit. Dieses neue Verständnis für das Kind hat ohne Zweifel zum Erfolg der kindähnlichen Puppe beigetragen. Wie aber nahmen die Betroffenen, die Kinder selbst, diese Puppe auf?

Die relative Kurzlebigkeit der reinen Charakterpuppe gibt uns darüber Auskunft: Die Kinder lehnten sie vorwiegend ab. Eine Puppe muß allen Rollen im Spiel gerecht werden, die Charakterpuppe aber kann nur immer eine bestimmte Rolle spielen. Eine lachende Puppe konnte niemals traurig sein, und aus dem trotzigen oder frechen Lausbuben wurde nie ein liebes Kind, da halfen keine Erziehungsversuche der Puppenmutter. Außerdem konnte ein Kind den Charme eines Kinderporträts nicht würdigen, es konnte sich nicht selbst darin erkennen. Der Erwachsene dagegen, in dem Wunsch, eigene Kindheitserinnerungen wachzurufen oder auch die eigenen Kinder in ihnen wiederzufinden, waren von diesem Puppentyp begeistert. Die Kinder aber wollten weiterhin ihre Puppe mit Schlafaugen, offenem Mund und vor allem kämmbarem Haar, mit der sich so vielseitig spielen ließ. Daher hat der eher kurzfristige Erfolg der Charakterpuppe die herkömmliche Puppe nie ernsthaft gefährden können. Der Wille des Kindes hatte sich gegen das Wunschdenken der Erwachsenen durchgesetzt.

Dennoch blieb der Auftritt der Charakterpuppe nicht ohne Auswirkung auf die Modellpolitik der Puppenmacher nach 1910. Erinnern wir uns: Die erste serienmäßig gefertigte Charakterpuppe war ein Baby (K&R Nr. 100) mit Rundkopf, gemalten Augen und geschlossenem Mund. Dies entsprach dem ästhetischen Anspruch des Künstlers. Alle Charakterpuppen der ersten Zeit hatten gemalte Augen und einen geschlossenen Mund, die Perücke war schon ein Zugeständnis an den Zeitgeschmack. Erste Versuche mit Glasaugen waren nicht befriedigend (z. B. K&R Nr. 101 mit Glasaugen), aber da das Kind sie forderte, entwarf man Köpfe, die für Schlafaugen konzipiert waren (z. B. K&R Nr. 117 «Mein Liebling»), und später dann auch mit offenem Mund (z. B. Nr. 117 n). An der 100er Serie von Kämmer & Reinhardt läßt sich die Rückentwicklung der Charakterpuppe zur «Puppen-Puppe» überzeugend demonstrieren, aber auch die Tatsache, daß dieser Puppentyp doch nicht ohne Einfluß geblieben ist. Ein großer Teil der Puppengesichter war von nun an interessanter und lebensechter geworden, die Augen kleiner, die Proportionen natürlicher. Vor allem aber die Babypuppe, das Lieblingskind der Puppenreform, hat damals ihren Siegeszug angetreten, der sich bis ins Zeitalter der Plastikpuppe fortsetzte.

Für die Firma Gebr. Heubach war der Trend zur Charakterpuppe ein willkommener Anlaß, auch Puppenköpfe herzustellen. Die Kinderfiguren aus Porzellan, wie z. B. die Pianobabys, besaßen sehr lebensechte Charakterköpfe, die sich auch gut als Puppenköpfe eigneten. Während die Figuren mehr als Schmuck fürs Heim gedacht waren, konnte Heubach mit den Puppenköpfen einen ganz neuen Markt erschließen. Besonders nach Amerika wurde anfangs viel geliefert. Der überwiegende Anteil der Puppenkopfproduktion waren Charakterköpfe, hervorragende Kinderporträts mit gemalten Augen und oft auch mit modelliertem Haar. Hier blieb der ursprüngliche Entwurf des Modelleurs am reinsten erhalten. Um dem Wunsch der Kinder nachzukommen, wurden aber auch Puppen mit Schlafaugen hergestellt und natürlich auch welche mit Perücke und offenem Mund. Glasaugen, Perücke und eventuell Zähnchen erhöhten aber den Endpreis einer Puppe, während ein Kopf ganz aus Biskuit billiger angeboten werden konnte. Bei Heubach sind die Modelle mit Glasaugen relativ selten, woraus man schließen kann, daß diese Firma eher einen preiswerten Markt belieferte.

Da lag die Marktlücke, die man hervorragend ausfüllte; in der Herstellung herkömmlicher Puppenköpfe waren andere große deutsche Firmen längst etabliert und führend. Auch deshalb bot sich mit dem Durchbruch der Charakterpuppe die große Chance für die Gebrüder Heubach.

Die Nacherfindung des Porzellans in Thüringen und seine Bedeutung für die Puppenindustrie

Die große Bedeutung der Familie Heubach für die Puppenindustrie ist unbestritten, interessant ist aber auch ihre enge Verbindung mit der Porzellanindustrie Thüringens fast von deren Anfängen an, denn es handelt sich bei den Heubachs um leibliche Nachkommen der Männer, die – nach Böttger – das Porzellan in Thüringen noch einmal erfunden und somit die dortige Porzellanindustrie begründet haben. Um diese Verbindung zu veranschaulichen, wollen wir eine kurze Übersicht über die Anfänge der Thüringer Porzellanindustrie geben, die ein so wichtiger Erwerbszweig für dieses Land war.

Vor seiner Erfindung in Europa mußte Porzellan aus China eingeführt und buchstäblich mit Gold aufgewogen werden. So war es nicht verwunderlich, daß an allen europäischen Höfen nach der geheimen Formel zur Herstellung (Arkanum) geforscht wurde. Nach langen und zunächst vergeblichen Versuchen fand Johann Friedrich Böttger 1709 die ideale Zusammensetzung und Brenntemperatur für das erste europäische Hartporzellan, dessen Produktion 1710 auf der Albrechtsburg in Meißen begann. Meißen blieb nicht lange im Besitz dieses Geheimnisses, denn durch Verrat und Verkauf gelangte es über Wien, Nymphenburg und Berlin bald in alle Teile Europas.

Es ist erstaunlich, daß im benachbarten Thüringen die Herstellung von Porzellan noch lange nach seiner Erfindung unbekannt war. Das in kleine Fürstentümer zersplitterte Thüringen war zu arm, das Land in den Wäldern zu abgelegen, als daß man sich von der kostenaufwendigen Porzellanherstellung etwas versprochen hätte. Alle europäischen Manufakturen waren bis dahin in der Hand von Feudalherren, und es muß daher besonders hervorgehoben werden, daß die Nacherfindung des Porzellans in Thüringen ganz auf der Initiative privater Bürger beruhte.

Etwa um 1760 arbeiteten Georg Heinrich Macheleid, Johann Wolfgang Hamman und Gotthelf Greiner zusammen mit seinem Vetter Gottfried Greiner unabhängig voneinander an der Herstellung von Porzellan, dessen ungefähre Zusammensetzung ihnen zwar bekannt war, dessen genaues Rezept, Bearbeitungstechnik und Brennverfahren sie aber nicht kannten. Gotthelf Greiner verfügte neben umfangreichen fachlichen Fähigkeiten über ein großes Organisationstalent, während Gottfried Greiner Experte für Farben und Schmelzflüsse war, weswegen von ihm die entscheidende Anregung für die Erfindung des Porzellans gekommen sein soll. In Zusammenarbeit mit der heimischen Glasindustrie, in deren Schmelzöfen die ersten Porzellanscherben gebrannt wurden, kam es zur Nacherfindung des Porzellans in Thüringen, etwa fünfzig Jahre nach dessen Erfindung durch Böttger.

Macheleid, Hamman und die Vettern Greiner gelten als Begründer der Thüringer Porzellanindustrie. Schon zu diesen Anfangszeiten taucht der Name Heubach auf, denn der Kaufmann Simon Heubach aus Lauscha heiratete 1788 Johanna Isabella, die Tochter von Gottfried Greiner; er wurde der Stammvater der Heubach-Puppen-Dynastie.

Doch zurück zu den schwierigen Anfängen der Thüringer Porzellanindustrie – schwierig, weil die «Porzelliner», wie man sie damals nannte, um die Erlaubnis zur Errichtung von Porzellanmanufakturen kämpfen mußten. Die jeweiligen Landesfürsten unterstützten ihre Anstrengungen nur zögernd, und dennoch gingen aus den ersten Fabrikgründungen bald wirtschaftlich starke Betriebe hervor. Hier ist auch der wesentliche Unterschied der Thüringer Porzellanindustrie zu den übrigen Manufakturen zu finden: Sie waren unabhängige bürgerliche Unternehmen, während die anderen königliche oder fürstliche Manufakturen waren. Entsprechend volksnah und bodenständig waren die Erzeugnisse aus Thüringen. Diese «Waldfabriquen» waren Privatunternehmen, die auf Rentabilität achten mußten. Im Vordergrund der Herstellung standen Gebrauchsartikel, vor allem Geschirrporzellan nahm einen großen Raum ein. Aber auch Zierporzellan wurde hergestellt, das vorwiegend für den bürgerlichen Geschmack gemacht war.

Das Anwendungsgebiet für Porzellan wurde immer umfangreicher, und es war nur eine Frage der Zeit, bis auch Puppenköpfe aus Porzellan hergestellt wurden. Nur wenige Puppenfabrikanten waren in der Lage, Porzellanköpfe selbst herzustellen, und waren daher auf die Zulieferung der Porzellanteile angewiesen. So waren Firmen wie Gebrüder Heubach, Ernst Heubach, (Köppelsdorf) oder auch Heubach, Kämpfe & Sontag Lieferanten für viele Puppenfabrikanten in Deutschland und in der ganzen Welt. Die Porzellanindustrie in Thüringen konnte auf eine lange Tradition in der Herstellung volkstümlichen Porzellans zurückgreifen. Sie besaß gut ausgebildete Porzellanmaler und Modelleure, die zu niedrigen Löhnen qualitativ gute Arbeit leisteten. Für prestigeorientierte Manufakturen wie etwa Meißen waren Puppenköpfe so gut wie kein Thema, und nur selten nahmen Porzellanhersteller außerhalb Thüringens Puppenköpfe in ihr Programm auf. Eine Ausnahme bildete Frankreich. Im guten Zusammenspiel von Porzellanherstellern und Puppenfabrikanten ist der große Erfolg der deutschen Puppen in der ganzen Welt begründet. Hier schließt sich auch der Kreis der Thüringer Porzellanindustrie und ihrer Bedeutung für die Puppenherstellung.

Die Firmengeschichte von Heubach, Kämpfe & Sontag, Wallendorf

Mit der Geschichte der Thüringer Porzellanindustrie eng verbunden ist die der Porzellanfabrik «Heubach, Kämpfe & Sontag». Diese Firma ging aus der «Porzellanfabrik Wallendorf» hervor, einer der

Sehr seltener und extremer Charaktertyp der Gebr. Heubach

Gebr. Heubach · Halsmarke: 7 Heubach-Quadrat
8656 Germany · Kurbelkopf · Intaglio-Augen ·
offen-geschlossener Mund · Composition-
Toddlerkörper · 42 cm groß · ca. 1918.

Gabriel Heubach - ein Pionier

ältesten und erfolgreichsten Porzellanmanufakturen Thüringens, die als Wiege des Thüringer Porzellans gilt. Eng verbunden mit dieser Firma ist auch der Name von Gabriel Heubach, einer starken Unternehmerpersönlichkeit seiner Epoche. Obwohl die Zeit der Puppenkopf-Produktion dieser Firma relativ kurz war, möchten wir dennoch näher auf deren Firmengeschichte eingehen, da sie uns typisch erscheint für so viele andere Unternehmen dieser Region.

Nachdem die ersten Porzellanversuche noch in Glashütten stattgefunden hatten, kauften der Hütteninspektor Johann Wolfgang Hamman und die beiden Vettern Gotthelf und Gottfried Greiner zusammen im Jahre 1763 das Rittergut Wallendorf, um eine Porzellanmanufaktur zu gründen, für die sie 1764 die Konzession erhielten. Gotthelf Greiner verließ bereits 1773 die gemeinsame Firma, um in Limbach eine eigene Porzellanfabrik zu gründen, während sein Vetter Gottlieb Greiner blieb. Zusammen mit Johann Wolfgang Hammans Sohn Ferdinand, der nach dem Tode seines Vaters an dessen Stelle trat, leitete er das Unternehmen bis 1829. Während dieser Zeit wurde hauptsächlich Gebrauchsgeschirr hergestellt, aber auch Porzellanfiguren, Vogelpfeifen und Türkenköppchen (!) für den Export in die Türkei gehörten zum Sortiment. Was den Export anbelangt, war Wallendorf eines der erfolgreichsten Unternehmen dieser Region im 18. Jhdt.

Ab 1829 trat Christian Hutschenreuther in die Wallendorfer Fabrik ein, und ab 1833 kamen noch Gabriel Heubach und Friedrich Kämpfe dazu. 1839 wird der Name Gabriel Heubach mit den Namen von Christian Hutschenreuther und Friedrich Kämpfe als Besitzer in den Akten der Wallendorfer Porzellanfabrik vermerkt. Hutschenreuther verließ einige Jahre danach die Fabrik wieder, und Ernst Sontag trat als Firmenpartner an seine Stelle.

1874 wird die Firma unter dem Namen «Heubach, Kämpfe & Sontag» erwähnt, unter anderem auch als Hersteller von Puppenköpfen. Ernst Sontag übergab seine Firmenanteile seinem Sohn Robert, der aber schon 1893 starb. Danach wurde die Fabrik in «Kämpfe & Heubach» umbenannt. Gabriel Heubach war mit Amalia Luise Kämpfe verheiratet, der Betrieb war jetzt also ein reines Familienunternehmen. Die Produktion von Puppenköpfen war nur ein Teilgebiet der Fabrikation und scheint noch vor der Jahrhundertwende eingestellt worden zu sein. Die Firma signierte mit einem «W» für Wallendorf; einen Kopf mit diesem Zeichen haben wir abgebildet. Gabriel Heubach starb 1898 als Neunzigjähriger. Er stammte aus Lauscha wie viele andere Porzellanhersteller und Puppenfabrikanten dieses Namens, und man kann annehmen, daß sie alle miteinander verwandt waren. Gabriel Heubach hatte zehn Kinder, eine Tatsache, die die Verbreitung des Namens Heubach in der Porzellanindustrie und auch das häufige Auftauchen dieses Namens innerhalb des Puppensektors erklärt. Von einem Enkel wissen wir, daß er im Harz eine Bleiweißfabrik gründete. Noch heute ist die Familie in vierter Generation nach Gabriel Heubach industriell tätig. Die Firmen «Dr. Hans Heubach GmbH & Co. KG» und «Heucotech Ltd.» produzieren in der Nähe von Goslar und in Fairless Hills, USA Pigmente und keramische Farben.

Die Firma «Heubach, Kämpfe & Sontag» blieb bis 1932 im Besitz der Familien Heubach und Kämpfe. Danach übernahm Heinz Schaubach das Unternehmen, das nach 1945 verstaatlicht wurde und heute ein führender Betrieb der Porzellanherstellung der DDR ist.

Unten: Original-Briefkopf der Firma Kämpfe & Heubach, Wallendorf. So lautete ab 1894 der neue Firmenname der früheren Firma Heubach, Kämpfe & Sontag.

Porzellanfiguren und Puppenköpfe

Oben: Zwei reizende Kinder-Porzellanfiguren der Firma Heubach, Kämpfe & Sontag, Wallendorf, mit einem *W* markiert · 18 cm groß · ca. 1885.
Linkes Bild: Galantes Paar · Figuren in Porzellan mit einem *W* markiert · 20 cm hoch · ca. 1885.
Nebenstehend: Puppenjunge der Firma Heubach, Kämpfe & Sontag, Wallendorf · Halsmarke: W · Brustblattkopf aus sehr hellem Biskuitporzellan · gemalte Augen · Lederkörper · 63 cm groß · ca. 1890.

Heubach-Quadrat: ein Warenzeichen

Die Firmengeschichte der Gebrüder Heubach, Lichte

Lange schon wurde vermutet, daß zwischen allen Heubach-Porzellanfabriken und -Puppenfirmen verwandtschaftliche Beziehungen bestehen könnten. Aber erst jetzt ist es uns gelungen, von Frau Barbara Haacke, geborene Heubach, der Ur-Ur-Ur-Enkelin von Gabriel Heubach und Ur-Ur-Ur-Großnichte der Gebrüder Heubach, genaue Informationen zu erhalten (siehe auch die Ahnentafel auf S. 29). Danach waren die Brüder Georg Christoph und Philipp Jakob Heubach Söhne von Simon Heubach und Johanna Isabella Greiner aus Lauscha. Sie waren Brüder von Gabriel Heubach, Porzellanfabrik Wallendorf. Am 16. September 1843 kauften sie die sogenannte Liebmannsche Fabrik in Lichte, einem wichtigen Ort der Porzellanindustrie im Thüringer Wald. Die Fabrik selbst bestand schon seit 1804 und war anfangs ein kleiner Betrieb, der Töpferwaren und Steinzeug herstellte. Gegründet wurde sie von Johann Heinrich Leder, der sie 1830 an seinen Verwandten Wilhelm Liebmann verkaufte. Lange mußte diese Firma um die Erteilung einer Lizenz zur Herstellung von Porzellan kämpfen. Das Fürstentum Schwarzburg-Rudolstadt, zu dem Lichte gehörte, wollte seine führende Manufaktur in Volkstedt vor Konkurrenz schützen. 1822 wurde die Genehmigung endlich erteilt, und dieses Datum wird auch später in einer Werbeschrift von den Gebrüdern Heubach als Datum der Firmengründung selber angegeben.

Unter der Leitung der beiden Brüder wurde vorwiegend Gebrauchsgeschirr hergestellt. 1862 half die Firma bei der Gründung der «Maler- und Modellierschule Lichte». Es ist interessant zu erfahren, daß die Firmen Gebrüder Heubach, Porzellanfabrik (Lichte) und Heubach, Kämpfe und Sontag, Porzellanfabrik (Wallendorf) mit jeweils 100 Gulden Jahresbeitrag an der Finanzierung der Schule beteiligt waren, womit garantiert werden sollte, daß sie die ersten schwierigsten Jahre überstehen konnte. Sicher versprach man sich qualifizierten Nachwuchs an Porzellanmalern und Modelleuren. Hier dürfte der Grund dafür zu finden sein, daß die Firma später über eine überraschend große Vielfalt an Modellköpfen verfügen konnte.

Der Firma gehörte auch Philipp Heubachs Sohn Louis an, der die technische Leitung des Betriebes übernommen hatte. Nach dem Tode von Christoph Heubach, 1845, und dem Ausscheiden von dessen Sohn Anton Heubach war Louis Heubach ab 1876 alleiniger Besitzer der Firma. Etwa um diese Zeit begann man mit der Herstellung von Zierporzellan, figürlichen Darstellungen und der für das Lichte-Tal bekannten Bildnismalerei auf Porzellanplatten. Ganz eindeutig gehörten Puppenköpfe noch nicht ins Firmenprogramm.

Louis Heubach starb 1887. Seine Söhne übernahmen den Betrieb, den sie 1904 in eine Aktiengesellschaft umwandelten, die sich «Gebr. Heubach A.-G., Lichte» nannte. Die Firma gewann mit ihren Erzeugnissen auf mehreren Ausstellungen Goldmedaillen, sicher auch mit den uns bekannten Kinderfiguren, die durch handwerkliches Können, künstlerische Qualität und Originalität hervorstachen. Ein genaues Datum für die erste Herstellung von Puppenköpfen ist nicht mehr nachzuweisen, doch ab dem Jahr 1910 gilt sie als gesichert. In diesem Jahr wird das sog. Heubach-Quadrat als Warenzeichen eingetragen. Viele Puppenköpfe tragen dieses Zeichen, aber ebensoviele sind mit der Heubach-Sonne signiert, einem Warenzeichen, das die Firma schon seit 1882 (in etwas anderer Form) benutzte. Daß einige Köpfe schon vor 1910 hergestellt wurden, ist möglich. Für die amerikanische Firma «Hamburger & Co.» stellte Heubach die *Dolly Dimple* (Abb. 8) her. Dieser Name war schon 1907 eingetragenes Warenzeichen, und 1908 war in der Zeitschrift «Playthings» eine solche Puppe abgebildet. Die meisten Puppenköpfe entstanden aber mit Sicherheit ab 1910, wobei die Firma sowohl mit dem Quadrat als auch mit dem Sonnenzeichen signierte.

Die Produktion von Puppenköpfen war auch jetzt nur ein Zweig des gesamten Angebotes. Kinderfiguren, Ganzbiskuitpüppchen, Tierfiguren und Nippes aller Art gehörten ebenso zum Firmenprogramm wie Vasen, Aschenbecher und anderes Zierporzellan. Neben Biskuit wurde auch glasiertes Porzellan hergestellt.

Nachdem 1919 zwei Brüder und Mitinhaber der Firma kurz hintereinander starben, waren Richard Heubach und sein Neffe Eduard alleinige Inhaber. Aus ver-

Silberne Medaille PARIS 1900.

Goldene Medaille MAILAND 1906

GEBRÜDER HEUBACH, A.-G.
PORZELLAN-MANUFAKTUR UND MALEREI.

Goldene Medaille LÜTTICH 1905.

Gold. Medaille   ST. LOUIS 1904.

LICHTE gehört zum Ortsbestellbezirk **Wallendorf S.-M.** mit Post, Telegraph u. Telephon.
Bahnstation: **Bock-Wallendorf.**
Telephon: **Wallendorf No. 3.**

Original-Briefkopf der Firma Gebrüder Heubach A.G., Lichte.

schiedenen Werbeanzeigen geht hervor, daß die Firma Gebr. Heubach noch lange Jahre Puppenköpfe und Kleinpuppen produzierte, dennoch war ab etwa 1930 die große Zeit der Prozellankopfpuppen zu Ende. Andere Materialien eroberten den Markt, und es ist anzunehmen, daß die Produktion dieses Zweiges langsam aufgegeben wurde. Die Herstellung von Kunstporzellan betraf das allerdings nicht. Was 1938 zum Konkurs der Firma führte, wissen wir nicht. Ein Freund der Familie erstand den Betrieb und führte ihn weiter. Nach dem zweiten Weltkrieg wurde die Porzellanfabrik Lichte in einen Volkseigenen Betrieb der DDR umgewandelt und in «VEB Vereinigte Zierporzellanwerke Lichte» umbenannt. Der Name sagt aus, was dort hergestellt wird – Puppenköpfe jedenfalls nicht mehr.

Firmentypische Merkmale der Firma Gebr. Heubach - Eine Erkennungshilfe -

Das Problem stellt sich recht häufig: Man findet eine Heubach-Puppe oder eine Heubach-Figur, sucht nach der Bestätigung durch die entsprechende Markierung – und findet nichts! Durch genaues Betrachten und Vergleichen mit signierten Heubachs bekommt man recht schnell einen fachmännischen Blick für die sog. Heubach-«Familienähnlichkeit», womit man die firmentypische Arbeitsweise und den ihr eigenen Mal- und Modellierstil meint. Bei Gebr. Heubach ist das vergleichsweise einfach, denn Puppenköpfe und Figuren sind oft im Stil eigenwillig und von klarer Firmenhandschrift. Worin diese besteht und inwieweit sie sich von der Arbeitsweise anderer Firmen unterscheidet, wollen wir in den folgenden Kapiteln erklären.

Puppenköpfe

Alle in diesem Buch vorgestellten Puppenköpfe bestehen aus Biskuitporzellan, welches auch kurz Biskuit genannt wird. Hierunter ist weißes, unglasiertes, zweimal gebranntes Porzellan zu verstehen. Die gewünschte Hautfarbe wurde nach dem ersten Brand aufgetragen. Eine Ausnahme machten die Gebr. Heubach, da sie auch rosa durchgefärbtes Biskuit verwendeten (siehe auch Sammlerkriterien).

Es wurden überwiegend Kurbelköpfe und Brustblattköpfe, sehr wenig dagegen Geradhalsköpfe, Einbindeköpfe und halslose Köpfe, auch Hohlhalsköpfe genannt, produziert (siehe Bildbeispiele).

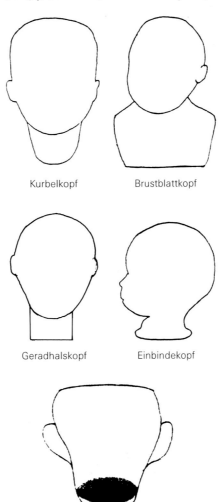

Kurbelkopf   Brustblattkopf

Geradhalskopf   Einbindekopf

Halsloser Kopf oder Hohlhalskopf

Kurbelköpfe gibt es mit offener Kopfkrone, die später mit Pappdeckel und Perücke geschlossen wurde, aber auch mit geschlossener Kopfkrone mit modelliertem und/oder gemaltem Haar. Dieser Typ wird auch Rundkopf genannt. Bei kleineren Rundköpfen wurden die Haare meistens nicht mehr modelliert, sondern nur gemalt. Die Köpfe mit offener Krone sind meistens mit Schlafaugen ausgestattet, während die Rundköpfe in der Regel Intaglio-Augen haben, weil es hier sehr schwierig war, Schlafaugen einzusetzen. Manche Kurbelköpfe weichen von der Regel ab. So gibt es Köpfe, aus deren Halsende eine Öse, die aus Biskuit bestehen kann, heraushängt. Sie dient zur Befestigung am Körper.

Auch bei den Brustblattköpfen unterscheiden wir zwischen offener und geschlossener Kopfkrone, und auch hier wurden die Rundköpfe überwiegend mit Intaglio-Augen produziert. Alle Brustblattköpfe sind in der Regel in einem Stück gegossen, also nicht beweglich.

Die sehr seltenen Geradhals- und Einbindeköpfe fanden wir in der Regel nur mit geschlossener Kopfkrone und mit Intaglio-Augen.

Der halslose Kopf, für Gebr. Ohlhaver hergestellt, hat keinen anmodellierten Hals, sondern nur eine nach innen gewölbte Halspfanne. Dieser Kopf ist uns nur mit Schlafaugen und Perücke bekannt. Er ist mit einem Kugelgelenk, welches auch den Hals darstellt, am Composition-Körper befestigt. Hierbei dürfte es sich um eine Konstruktion von Johannes Gotthilf Dietrich handeln, allerdings um eine andere als sie für Ernst Heubach (Köppelsdorf) hergestellt wurde (siehe auch «Igodi» Seite 129).

Intaglio-Augen

Ein herausragendes Stilmittel bei Gebr. Heubach sind die sog. Intaglio-Augen, die, von den seltenen Glasaugen abgesehen, jeder Puppenkopf aufweist wie auch alle Biskuitfiguren, bei denen wir selbst bei kleinsten Exemplaren diese Augen noch angedeutet finden. Auch einige andere Firmen haben Intaglio-Augen gemacht, aber nur Heubach hat sie in dieser perfekten und unverwechselbaren Art gestaltet. Es ist erstaunlich, wie realistisch und voller Tiefe diese Augen wirken!

Der Ausdruck «Intaglio-Auge» hat sich in der Puppenwelt inzwischen so durchgesetzt, daß wir ihn auch weiterhin verwenden wollen. Das Wort Intaglio (vom ital. intagliare = einschneiden) bezeichnet das Negativ-Relief; speziell das eingeschnittene Bild einer Gemme wird in der Fachsprache so genannt. Da Iris und Pupille beim Intaglio-Auge in die Porzellanmasse eingedrückt sind, entsteht so eine Negativform, die, wenn sie anschließend ausgemalt wird, dem Auge

Glasaugen - anatomische Details

eine besondere Tiefe verleiht. Ein besonderer Effekt wird durch den beim Bemalen aufgesetzten Lichtpunkt erreicht, der nicht einfach nur mit Farbe aufgetragen wurde, sondern mit flüssiger Porzellanmasse aufgesetzt ist und so als erhabener Punkt hervortritt.

Die besondere optische Tiefe dieser Augen wird durch ein weiteres Stilmittel erreicht, das ebenfalls typisch für Gebr. Heubach ist: Die Iris ist im Verhältnis zur Pupille relativ schmal, die Pupille dagegen übergroß und sehr dunkel ausgemalt. Der schmale Iriskranz ist übrigens meist blau oder blaugrau bemalt, braune Augen sind bei Gebr. Heubach äußerst selten. Neben dem Effekt der optischen Tiefe wird durch diese Malweise auch erreicht, daß Heubach-Puppen niemals starr blicken. Eine dunkle Linie entlang dem oberen Lidrand unterstützt diesen Eindruck.

Vielleicht sollte man noch erwähnen, daß die Feinheiten der Modellierung und Bemalung der Intaglio-Augen an größeren Köpfen besser zu beobachten sind als bei den kleinen, und es begegnen uns auch Köpfe, bei denen die Lichtpunkte vergessen wurden oder bei denen die Lidstriche und die roten Augenpunkte fehlen. Das Prinzip des Intaglio-Auges ist aber trotzdem noch erkennbar.

Glasaugen

Bei Puppenköpfen mit Glasaugen handelt es sich meistens um bewegliche Schlafaugen. Sind sie bei einem Exemplar einmal eingegipst, dann handelt es sich mit großer Wahrscheinlichkeit um eine nachträgliche Reparatur.

Weiterhin können wir annehmen, daß die Augen in der Regel erst beim jeweiligen Fabrikanten eingesetzt wurden, der die Puppe fertigmontierte. Bei der seltenen Heubach-Jumeau war das mit Sicherheit so, aber auch bei den übrigen Köpfen dürfte das der Fall gewesen sein. Schon wegen der Schwierigkeiten beim Transport von Köpfen mit Schlafaugen hatte eine reine Porzellanfabrik nur wenig Interesse, einen eigenen Augeneinsetzer zu beschäftigen. Zudem ist die Art der Augen recht unterschiedlich, was unsere Vermutung erhärtet. Neben normal geformten Augen fanden wir auch zahlreiche Köpfe mit übergroßen Pupillen, bei denen das Weiße im Auge kaum noch sichtbar ist. Vielleicht war dies nach dem Geschmack eines einzelnen Fabrikanten so entstanden, um damit den Puppenaugen noch mehr Ausdruck zu verleihen. Es handelt sich bei diesen übergroßen Pupillen also nicht um nachträglich eingesetzte «falsche» Augen, wie mancher Sammler schon vermutet hat.

Augenbrauen

Auch für die Augenbrauen hatten die Gebr. Heubach eine eigene Malweise. Köpfe mit gemalten Augen haben meistens sog. Einstrich-Augenbrauen, die aber bei genauerer Betrachtung aus zwei Pinselstrichen bestehen, einem breiteren und längeren in Hellbraun zuunterst und einem kürzeren in dunklerem Braun darüber. Durch diese Malweise wird eine größere Plastizität erreicht und gleichzeitig der Kontrast zwischen Hautton und Augenbrauen gemildert. Köpfe mit Glasaugen wurden dagegen in der Regel mit gestrichelten Augenbrauen bemalt, und zwar auf eine ganz spezielle Weise: Grundlage für die später darübergemalten Augenbrauenstriche ist ein heller Grundierungsstrich in ganzer Länge der Augenbraue. Darüber wurden dann die feinen Augenbrauenstriche gelegt, das sind gleichmäßige und schwungvolle Schrägstriche, ganz selten, eigentlich nur bei Poutys, auch gefiederte Brauenstriche. Diese Malweise ist ein für Gebr. Heubach sehr typisches Stilelement und weist auch die sog. Heubach-Jumeau eindeutig als Produkt dieser Firma aus (Bild Nr. 158).

Mund, Ohren und modellierte Haare

Beim Betrachten der vielen Puppenporträts im vorliegenden Buch muß einem auffallen, welche große Bedeutung die Firma Gebr. Heubach der Modellierung des Mundes beigemessen hat. Schon der geschlossene Mund ist nicht immer gleichförmig: Mal sind die Mundwinkel trotzig herabgezogen, ein anderes Mal sind sie zu einem angedeuteten Lächeln geformt. Volle Lippen sind ebenso darunter wie schmale, und auch durch eine besondere, anatomisch geformte Trennlinie zwischen Ober- und Unterlippe erhält der Mund ein verändertes Aussehen. Immer steht auch die Größe des Mundes in einem natürlichen Verhältnis zum übrigen Puppengesicht, zumindestens was die reinen Charakterköpfe betrifft.

Besonders aber beim offen-geschlossenen Mund zeigt Heubach, wie kein anderer deutscher Puppenhersteller, welche Möglichkeiten sich da bieten. So finden wir modellierte Zähnchen im Ober- oder Unterkiefer, eine angedeutete oder voll ausgeformte Zunge, und wenn der Mund besonders weit geöffnet oder tief modelliert ist, sind manchmal auch Mundhöhle und Gaumen ausgeformt. Mit einer passenden Bemalung, bei der die innenliegenden Teile des Mundes dunkler gefärbt sind, wird die Illusion des offen-geschlossenen Mundes perfekt.

Einige Kopfmodelle von Gebr. Heubach besitzen auch einen normalen offenen Mund mit Zähnchen.

Über die Ohren bei Heubach-Puppen ist lediglich festzustellen, daß sie, wie bei Charakterpuppen üblich, keine Ohrlöcher aufweisen. Auch sie stehen, was ihre Größe angeht, in einer natürlichen Proportion zum Kopf, und auffallend viele Knabenpuppen haben abstehende Ohren, wie es sich für einen echten Lausbuben gehört!

Mehr als andere Hersteller hat Gebr. Heubach seine Puppenköpfe mit modellierten Haaren ausgestattet. Von dem Aspekt des künstlerischen Gesamteindrucks einmal abgesehen, hatten diese Haare den Vorteil, preiswerter zu sein als jede noch so einfache Perücke. Alle möglichen Varianten für modellierte Frisuren sind darunter zu finden, vom angedeuteten ersten Haarflaum des Kleinkindes bis hin zu Stirnlocken und Nackenhaaren bei Knaben, wobei auch der Haarwirbel nicht vergessen wurde. Mädchenköpfe erhielten eine kurze bis mittellange Haartracht, mitunter auch aufgesteckte Zopffrisuren. Herabhängende Zöpfe oder einzelne lange Locken waren rein technisch nicht möglich, sie hätten außerdem beim Spielen keine große Überlebenschance gehabt. Zusätzlich wurden die modellierten Haare noch bemalt. Dies geschah in natürlichen und nicht zu kontrastreichen Tönen, um die Wirkung des Gesichts nicht zu stören. In manchen Fällen wurde die natürliche Feinheit des Haares noch durch feinste Pinselstriche betont.

Rosa durchgefärbtes Porzellan

Eine Besonderheit bei Gebr. Heubach ist die rosa durchgefärbte Porzellanmasse, aus der sehr viele Köpfe gegossen wurden. Dies trifft nicht etwa nur bei einer bestimmten Serie zu, denn wir finden bei derselben Seriennummer mal weißes, mal rosa eingefärbtes Biskuit. Sammler, die nicht wissen, daß das bei Heubach-Puppen üblich ist, sind natürlich verunsichert, haben sie doch gehört, daß viele Reproduktionen auch mit rosa eingefärbter Porzellanmasse hergestellt werden. Diese Besonderheit, die uns nur von der Firma Gebr. Heubach bekannt ist, läßt zunächst einmal darauf schließen, daß man mit dieser Technik einen Arbeitsgang, nämlich das Grundieren und nochmalige Brennen der weißen Köpfe, einsparen wollte. Bei genauerer Betrachtung fällt jedoch auf, daß die rosa eingefärbten Köpfe sehr wohl noch eine weitere Grundierung in einem natürlichen fleischfarbenen Ton erhielten, denn anders als bei der rosafarbenen Porzellanmasse, mit der die Hersteller von Reproduktionen heute arbeiten, ist diese Masse bei Heubach von einem lilastichigen Rosa, das als Hautton zu unnatürlich wäre. Vielleicht also war das rosa durchgefärbte Porzellan als ein zusätzliches Mittel zu größerem Realismus gedacht, denn anders als bei den klassischen Puppen, war die vornehme Blässe bei Charakterpuppen nicht mehr gefragt. Warum das weiße Porzellan aber dennoch weiter verwendet wurde, könnte schlicht und einfach produktionstechnische Gründe haben. Weiße Porzellanmasse mußte in einer Porzellanfirma immer in ausreichender Menge vorhanden sein. Wie wir uns erinnern, war die Puppenkopfherstellung nur ein Zweig der Firma; alle anderen Produkte wurden aus weißem Porzellan gegossen. Die rosa eingefärbte Masse war vielleicht nicht immer vorrätig, wenn eine neue Serie Köpfe gegossen wurde. Hier aber begeben wir uns ins Reich der Spekulation, das wir lieber gleich wieder verlassen wollen. Warum also einmal rosa durchgefärbtes und einmal weißes Porzellan verwendet wurde, gehört zu den vielen Rätseln, die uns diese Firma aufgibt.

Porzellanqualität

Als traditionsreiche Porzellanmanufaktur beherrschte die Firma Gebr. Heubach die Herstellung verschiedenster Porzellanarten. Für die Puppenköpfe eignete sich Biskuitporzellan am besten, das seit seiner Erstanwendung in Sevres die Köpfe aus Parian oder glasiertem Porzellan immer mehr verdrängt hatte. Bei Biskuit-Porzellan handelt es sich um zweimal gebranntes, nicht glasiertes Porzellan, das durch seinen zweiten Brand eine marmorähnliche Oberflächenwirkung erhält. Nach seiner Bemalung in einem Hautton hat Biskuit ein der menschlichen Haut ähnliches Aussehen.

Die Porzellanqualität ist bei Heubach überwiegend gut bis sehr gut. Bei kleineren Köpfen, die vielleicht aus einer Billigserie stammen, sind allerdings auch weniger gute Köpfe zu finden, die sich rauh anfühlen und auch Einschlüsse zeigen. Bei diesen preiswert angebotenen Köpfen konnte aus verständlichen Gründen nicht die gleiche Sorgfalt angewendet werden wie bei großen und teuren Köpfen. An dieser Stelle sollten wir erwähnen, daß die Firma Gebr. Heubach eher einen volkstümlichen Markt beliefert hat.

Bemalung

Auch die Bemalung der Köpfe ist bei Heubach überwiegend sorgfältig, bei manchen Köpfen mit Intaglio-Augen und modellierten Haaren sogar außerordentlich kunstvoll. Manchmal wird von Sammlern der oft rötliche Grundton der Köpfe kritisiert, die bei Biskuitköpfen einen hellen Teint bevorzugen. Man sollte aber wissen, daß diese kräftige Hautfarbe von der Firma bewußt gewählt wurde, weil sie Gesundheit und Natürlichkeit ausstrahlte, und folglich nichts mit mangelhafter Malqualität zu tun hat. Anders verhält es sich dagegen mit schlecht gemalten Exemplaren, die leider auch existieren und bei denen ganz offensichtlich Schnelligkeit beim Bemalen vor Sorgfalt ging. Wie bei den Köpfen in minderwertiger Porzellanqualität handelt es sich auch hier um Köpfe einer Billigserie. Beim Bemalen mußte es dabei so schnell gehen, daß oft sogar die für Heubach so typischen Lichtpunkte in den Intaglio-Augen fehlen. Man sollte aber die Leistung einer Firma nach ihrer durchschnittlichen bis guten Arbeit beurteilen, und dann kann man feststellen, daß die Bemalung der Heubach-Köpfe sehr gut ist.

Die Modellierkunst der Firma Gebr. Heubach

Heubach-Puppen mit Glasaugen und Perücke erzielen auf dem Sammlermarkt fast durchweg höhere Preise als ihre Pendants mit Intaglio-Augen und modelliertem Haar. Dabei kommt gerade bei den durchmodellierten Puppenköpfen die ganze Meisterschaft der Modellierkunst bei Gebr. Heubach zur Geltung. Hier sind Köpfe von außerordentlicher Formenvielfalt und von teilweise verblüffendem Realismus entstanden, wie sie von keinem anderen deutschen Hersteller erreicht wurden. Heubach beschäftigte ausgezeichnete Modelleure im eigenen Betrieb, gab aber auch an bekannte Künstler Köpfe in Auftrag. Diese schöpften alle gestalterischen Möglichkeiten aus, mit denen eine größtmögliche Lebensnähe erzielt werden konnte. Angefangen bei den Intaglio-Augen, die wir ja schon eingehend besprochen haben, über die besonders naturgetreue Darstellung des offen-geschlossenen Mundes, der Grübchen, Lach- oder Zornfalten, bis hin zu den kindlichen Frisuren ist es eine Freude für den Betrachter, zu sehen, mit welcher Kunstfertigkeit diese Wirklichkeitsnähe erreicht wurde. Die ganze Meisterschaft dieser Modellierkunst kommt besonders in der Darstellung des Haars zum Ausdruck. Was uns so erstaunt, ist der Eindruck einer natürlichen Leichtigkeit des feinen, lockigen oder glatten Kinderhaars, der mit dem starren Material erreicht wurde. Ob feine Löckchen beim

Kleinkind oder die Haarfülle eines schon älteren Kindes, immer hat man den Eindruck von echtem Haar, selbst wenn es zu Zöpfen geflochten oder mit Blumen und Bändern verziert ist. Die gekonnte Modellierung wird noch gesteigert durch eine sensible und nuancenreiche Bemalung, die niemals durch zu kräftige Farbwahl die Wirkung zerstört.

Natürlichkeit und Lebensnähe scheint für Gebr. Heubach ein wichtiger Grundsatz bei der Modellpolitik gewesen zu sein, denn es fällt auf, daß überwiegend «Kinder aus dem Volk» dargestellt wurden, und selbst das entzückende Porträt der Prinzessin Juliana (Abb. 112) zeigt ein Kindergesicht von ungekünstelter Natürlichkeit. Und wie im wirklichen Leben gehören zu einer richtigen Kindergesellschaft Knabenpuppen, von denen Heubach mehr verschiedene Modelle hergestellt hat als irgendein anderer Fabrikant von Puppenköpfen. Richtige Lausbuben mit abstehenden Ohren sind darunter, die auch nicht durch eine aufgestülpte Lockenperücke zu Mädchen gemacht werden können. Auch dies zeugt vom großen Können der Modelleure Heubachs, deren Tätigkeit wir ohne Übertreibung als «Modellierkunst» bezeichnen können.

Die Puppenkörper

An dieser Stelle soll noch einmal betont werden: Die Firma Gebr. Heubach war ein Porzellanhersteller und hat, von Biskuitporzellankörpern abgesehen, nur die Köpfe der Puppen hergestellt. Diese Köpfe wurden von Puppenfabrikanten in Deutschland, Frankreich, anderen europäischen Nachbarländern und in Übersee bestellt, um dort mit Körpern eigener Herstellung oder auch mit Körpern anderer Hersteller zu einer vollständigen Puppe zusammengesetzt zu werden. Solche «Puppenfabriken», die eigentlich keine Puppen herstellten, sondern sie nur zusammenmontierten, gab es unzählige, was heute die Zuordnung mancher Puppe so schwer macht.

Die Konsequenz, die sich aus dieser Tatsache für Heubach-Puppen ergibt, ist für den Sammler verwirrend. Heubach-Köpfe können auf Körpern der verschiedensten Hersteller sitzen. Es können Körper von so hervorragender Qualität sein wie die von Cuno & Otto Dressel, anatomisch wohlgeformte Gliederkörper aus Composition-Material, aber eben auch billige und unförmige Körper aus gepreßtem Karton, deren Hersteller mit gutem Grund anonym blieben. Ein und dasselbe Kopfmodell kann auf Babykörpern, Toddler- oder Gliederkörpern erscheinen, so daß im Grunde alle Kombinationen möglich sind. Eigentlich können wir nur sagen, welche Körper mit hoher Wahrscheinlichkeit falsch sein dürften, nämlich einmal sehr frühe Körper aus den Anfangszeiten des Gliederkörpers und Körper nach 1930. Ebensowenig dürften Körper von bekannten Herstellern wie Kestner oder Kämmer & Reinhardt stimmen, da diese Firmen ausschließlich für die eigene Produktion Körper fertigten.

Genauso unübersichtlich verhält es sich bei den Brustblattköpfen der Gebr. Heubach: Einmal trifft man sie auf qualitätvollen Lederkörpern mit Biskuitarmen oder Gliederarmen an, es ist aber ebenso möglich, das gleiche Kopfmodell auf einem billigen Stoffkörper mit viel zu kurzen Ärmchen aus einem undefinierbaren Material zu finden. Zwischen diesen beiden Extremen sind alle Varianten in Material und Qualität möglich. Am häufigsten ist wohl ein Leder- oder Wachstuchkörper mit Gliederarmen aus Composition.

Für den Sammler bedeutet dieses Durcheinander an Körpern eine große Unsicherheit, wenn es um die Frage nach der Originalzusammensetzung einer Puppe geht. Da fast alles möglich ist, ist die Versuchung groß, einen schönen Kopf von seinem unförmigen Körper zu befreien und ihn auf einen «passenderen» und schöneren umzusetzen. Man muß auch nicht besonders klug sein, um zu begreifen, daß ein süßes Poutyköpfchen, nachdem es von seinem Babykörper auf einen vom Sammler bevorzugten Toddlerkörper umgesetzt wurde, einen höheren Wert hat. Bei den wenigsten Puppen, die uns zum Kauf angeboten werden, können wir noch deren Lebenslauf verfolgen, und es ist leicht möglich, eine Puppe mit «zweifelhafter Vergangenheit» zu erwerben. Mancher besitzt einen Spürsinn für Authentizität, ein anderer richtet sich bei seiner Wahl nach ästhetischen Gesichtspunkten oder einfach nach dem guten Sitz des Kopfes in der Halspfanne. Man kann zwar dem Händler seines Vertrauens die Garantie für Originalerhaltung glauben, ein Rest von Unsicherheit aber bleibt. Mit dieser kleinen Unsicherheit müssen wir leben, wenn wir uns in eine Heubach-Puppe verlieben, denn nur eines wissen wir mit Sicherheit: Nur der Kopf der Puppe ist von Heubach.

Markierungen und Seriennummern Gebr. Heubach, Lichte

Wer sich unsicher fühlt, eine Heubach-Puppe an deren «Familienähnlichkeit» zu erkennen, ist allein auf die Markierungen am Hinterkopf angewiesen. Doch auch dann ist längst nicht alles klar und einfach, denn kein anderer Hersteller von Puppenköpfen in Deutschland hat so uneinheitlich gemarkt wie die Gebr. Heubach und uns somit so viele Rätsel aufgegeben. Außer mit zwei verschiedenen Warenzeichen (Firmenzeichen, Firmenmarken, Firmenemblemen), die bei ein und demselben Kopfmodell gefunden werden, signieren sie manchmal auch mit vollem Namen, mit einem abgekürzten *Gebr. Heubach* oder auch nur mit *G.H.* Eingedrückte Seriennummern wechseln sich ab mit Größennummern und Stempelzeichen aller Art. Wir haben auch eingedrückte Zeichen gefunden, die weder Zahl noch Buchstabe waren, und, um alles noch komplizierter zu machen, sind manche Heubach-Köpfe überhaupt nicht signiert.

Warum das so ist, wird wohl für immer Firmengeheimnis bleiben, denn an uns Sammler hat man damals sicher nicht gedacht. Seriennummern und Zeichen sollten einerseits firmenintern in der Modellreihe für Ordnung sorgen, waren andererseits auch Bestellnummern für Kunden. Wie bereits erwähnt, war die Firma Gebr. Heubach Zulieferer für viele Puppenfabrikanten und Versandhäuser, und es ist anzunehmen, daß Kataloge

Firmenzeichen und Seriennummern

existieren, in denen die verschiedenen Kopftypen samt Bestellnummern abgebildet sind.

Trotz des erwähnten Durcheinanders bei der Kennzeichnung der Köpfe kann ein Schema aufgezeigt werden, das sich nach Vergleich vieler Köpfe herauskristallisiert hat. Am bekanntesten sind die zwei verschiedenen Firmenzeichen, die hauptsächlich auf Puppenköpfen gefunden werden und die ins Porzellan eingedrückt sind (Abb. a und b).

Abb. a
Das ältere der beiden Firmenzeichen, die aufgehende Sonne (sunburst) und die verschlungenen Initialen G und H für Gebr. Heubach. Eingetragenes Warenzeichen seit 1882. Die Grundform dieses Zeichens kann sowohl ein Oval als auch ein Kreis sein. Beim Kreis sind in der Sonne mehr Strahlen eingeprägt.

Abb. b
Das modernere und grafisch vereinfachte Zeichen, das Heubach-Quadrat (squaremark), eingetragenes Warenzeichen seit 1910. Die kleinen Vierecke am oberen und rechten Rand des Quadrats sind bei kleineren Modellen Punkte, immer sind es aber 6 waagrechte und 4 senkrechte. Das Heubach-Quadrat trägt kein zusätzliches DEP.

Man kann aber nicht davon ausgehen, daß mit dem neuen Firmenzeichen, dem Heubach-Quadrat, das ältere, die aufgehende Sonne, verschwand. Für die Datierung von Köpfen und Figurinen wäre das ideal. Heubach verwendete aber das alte Zeichen weiterhin neben dem neuen, und so ist lediglich sicher, daß Köpfe und Figuren mit dem Quadrat nach 1910 entstanden sind.

Neben der Kopfgröße, die durch eingedrückte Zahlen, meist über dem Firmenzeichen, angegeben ist, sind die Seriennummern mit vier- oder fünfstelligen Zahlenreihen im Porzellan eingeprägt. Hierbei läßt sich eine gewisse Regel erkennen, denn bei Köpfen mit offener Krone ist diese Nummer am oberen Kronenrand zu finden (Abb. c), während sie bei Kurbelköpfen mit modelliertem Haar oder Rundköpfen häufig in zwei zweistellige Nummern geteilt rechts und links vom Firmenemblem sitzt (Abb. d). Nur bei Schulterköpfen mit geschlossenem Kopf finden wir die Seriennummern am unteren Brustblattrand. Das alles, wenn wir das Glück haben, überhaupt eine Seriennummer zu finden!

Abb. c
Beispiel einer Signierung beim Kurbelkopf mit offener Krone.
6969 = Seriennummer; 5 = Größennummer; darunter typischer *Germany*-Schriftzug; Firmenzeichen = Heubach-Sonne; 30 = grüner Stempel.

Abb. d
Beispiel einer Signierung beim Kurbelkopf mit geschlossener Kopfkrone und modelliertem Haar.
3 = Kopfgröße; 7865 = Seriennummer; in der Mitte das Firmenzeichen, das Heubach-Quadrat, und darunter der *Germany*-Schriftzug; 46 = grüner Stempel.

Nach heutigem Wissen nehmen wir an, daß Heubach für die Puppenköpfe die Seriennummern zwischen 5500 und 13000 verwendet hat. Das bedeutet nicht, daß alle diese Nummern für Pup-

Abb. e
Beispiel einer Signierung für einen Brustblattkopf mit geschlossener Kopfkrone.
3 = Kopfgröße, darunter der *Germany*-Schriftzug; 7129 = Seriennummer (rechts unten am Brustblatt, meist unter dem Leder versteckt).

penköpfe reserviert waren, wir finden auch Porzellanfiguren dieser Zahlenreihe, die aber hauptsächlich die Nummern unter 5500 einnehmen.

Seriennummern für Puppenköpfe unter 5000, wie sie manchmal in Büchern und Katalogen erwähnt werden, können mit großer Wahrscheinlichkeit als Lesefehler angesehen werden. Das ist nicht verwunderlich, denn häufig sind die einzelnen Ziffern nur undeutlich ins Porzellan eingedrückt und dadurch schwer zu identifizieren.

Die Größennummern am Hinterkopf mit anderen Zahlen zu verwechseln, ist eigentlich fast nicht möglich. In der Regel sind dies Zahlen von 0 bis 16, die immer eingedrückt sind, einzeln stehen und eingemittet sind. Fast immer sind sie als Ziffer deutlich größer als die Ziffern der Seriennummern, die zudem vier- bzw. fünfstellig sind. Allein bei den Köpfen mit modelliertem Haar kann es schon vorkommen, daß die Größennummer erst nach genauem Hinsehen im Haar zu finden ist. Darüber hinaus gab es auch Zwischennummern, die durch ein der Größenzahl zugeordnetes ½ angegeben sind. Zweistellige Kopfgrößen, also ab der Nummer 10, sind bei Gebr. Heubach eher selten.

Mancher Puppenkopf trägt weder eines der beiden Firmenzeichen noch eine Heubach-Seriennummer und kann dennoch dieser Firma zugeordnet werden, wenn weitere Merkmale darauf hinweisen. Da ist einmal der eingeprägte *Germany*-Schriftzug, der durch seine eigen-

Markierungen und Stempel

willige Schreibweise auffällt und in dieser Form nur von Heubach verwendet wird (Abb. f).

Germany
Germany
Germany

Abb. f
Drei Varianten des in Grundzügen immer gleichen *Germany*-Schriftzugs. Typisch hierbei die Unterlängen von *G* und *y* und die starke Betonung der senkrechten Linien.

Ein zusätzlicher Hinweis auf Gebr. Heubach sind grüne, manchmal auch rote Nummernstempel, meist zweistellig, manchmal auch einstellig. Sie sind sowohl auf vollständig gemarkten Puppen zu finden als auch auf ungemarkten Köpfen. Grüne oder rote Nummernstempel sind in dieser Form bei keinem anderen deutschen Puppenhersteller zu finden. Was sie bedeuteten, können wir heute nur vermuten. Manche Sammler meinen, es seien dies die Erkennungsnummern der jeweiligen Porzellanmaler, also ähnlich wie die Pinselzeichen auf den Köpfen von Jumeau. Diese Stempel sind sehr willkürlich angebracht, manchmal schräg oder auf dem Kopf stehend. Zur weiteren Verwirrung können diese Zahlen aber auch eingedrückt sein. Aus den Stempelziffern allein könnte man schon auf Gebr. Heubach als Hersteller schließen, zusammen mit dem typischen *Germany* ist es eine sichere Sache.

Eine weitere Stempelmarke, auf Köpfen jedoch weniger häufig zu finden als die Nummern, ist der runde *Made in Germany*-Stempel (Abb. g), der meist

Abb. g
Runder *Made in Germany*-Stempel der meist grün, aber auch rot oder blau auf Köpfen und Figurinen zu finden ist.

grün, manchmal auch rot und seltener blau ist und der auf Köpfen und Figuren vorkommt.

Alle bis hierher erwähnten Signierungen und Markierungen können einzeln oder zusammen auf einem Kopf auftauchen; eine Regel kann nicht aufgestellt werden. Auch die Anordnung der einzelnen Zeichen zueinander ist eher zufällig, und auch hier sind alle Varianten möglich. Fast ist diese Unregelmäßigkeit schon wieder ein typisches Erkennungsmerkmal für Heubach!

Zwei weitere Markenzeichen von Gebr. Heubach betreffen nicht mehr die Köpfe von Puppen. Es sind Markierungen von Figurinen, Tierfiguren und Zier- oder Gebrauchsporzellan. Interessant ist hier der frühe Gebrauch der aufgehenden Sonne als Firmensymbol. Die zwei abgebildeten Firmenzeichen sind sowohl als Stempel als auch eingedrückt möglich (Abb. g, h 1 und h 2).

Abb. h 1
Das ältere der beiden nicht für Puppenköpfe verwendeten Firmenzeichen, auch mit dem Zusatz DEP zu finden. Dieses ist wohl das 1882 eingetragene Warenzeichen.

Abb. h 2 (rechts daneben)
Vereinfachte Form des Warenzeichens und dadurch bessere Lesbarkeit vor allem in kleiner Ausführung.

Das Sonnenzeichen wurde von der Firma Gebr. Heubach nicht zufällig zum Warenzeichen gemacht. Die Sonne ist das Symbol für Licht, der Ortsname Lichte ist sicher hergeleitet aus dem Wort Lichtung oder Licht. Unter Porzellansammlern ist jedoch noch ein völlig anderes Zeichen dieser Firma bekannt, das sich auch auf das Licht bezieht, jedoch auf das Licht der Kerze (Abb. i).

Das (zunächst) verwirrende Nummernsystem der Gebr. Heubach

Wenn das Nummernsystem der Gebr. Heubach bisher als sehr verwirrend galt, so dürfte dies auf der Annahme beruhen, daß es sich bei den eingeprägten Nummern der Charakterpuppen um Formnummern handle. Bei den anderen Porzellanfabriken war es in der Regel üblich, daß den Porzellan-Puppenköpfen Formnummern (eigentlich sollte es zum besseren Verständnis Kopfmodellnummern heißen) eingeprägt wurden. Deshalb sind wir Sammler und Puppenliebhaber daran gewöhnt, daß Puppenköpfe mit gleichen Gesichtern immer dieselben Nummern eingeprägt haben. Ein Beispiel hierfür ist die Hunderter-Serie der Firma Kämmer & Reinhardt und hiervon am bekanntesten die Puppe *Mein Lieblingsbaby*, welcher immer – und das über viele Jahre hinweg – die Nummer *126* eingeprägt wurde.

Bei der Porzellanfabrik Gebr. Heubach wurde jedoch ganz anders verfahren. Hier wurden nämlich sowohl verschiedene Nummern für unterschiedliche Puppenköpfe als auch verschiedene Nummern für gleiche Puppenköpfe aber auch dieselbe Nummer für unterschiedliche Puppenköpfe verwendet (s. Beispiel 1 und 2 S. 19).

So verwirrend das Nummernsystem bis jetzt aussieht, so einfach wird die Erklärung, wenn man davon ausgeht, daß die Gebr. Heubach ihre Puppenköpfe nicht – wie allgemein üblich – mit Formnummern markierten, sondern in der Regel neuen oder neu aufgelegten Serien eine fortlaufend höhere Nummer einprägten. Demzufolge müßte es von sehr beliebten und deshalb mehr gekauften Puppen auch mehr Seriennummern geben. Genau das ist bei der *Lachenden Heubach* und der Puppe mit dem Pouty-Gesicht der Fall, wie auch die Beispiele beweisen. Sie sind heute auch am häufigsten zu finden. Die äußerst seltene *Juliana-Puppe* dagegen ist bis jetzt nur mit einer einzigen Seriennummer bekannt.

Unsere Theorie, daß es sich bei der Serien-Numerierung um fortlaufend höhere Nummern handelt, stützt sich noch

> **Beispiel 1**
>
> Kopfmodell:
> Die sogenannte *Lachende Heubach* mit 2 Zähnchen im Unterkiefer
>
> Bekannteste Nummern: 5636 für Kurbelköpfe mit Glasaugen und Perücke
> 6736 für Brustblattköpfe mit Intaglio-Augen und modellierten Haaren
>
> Außerdem wurden Puppenköpfe des obigen Kopfmodells mit folgenden Nummern gefunden:
>
> Nr. 6897: Kurbelkopf, Intaglio-Augen, modellierte Haare
> Nr. 7314: Kurbelkopf, Intaglio-Augen, modellierte Haare
> Nr. 7604: Kurbelkopf, Intaglio-Augen, modellierte Haare
>
> Hier wurden sowohl unterschiedliche als auch gleiche Puppenköpfe mit verschiedenen Seriennummern markiert.

> **Beispiel 2**
>
> **Kopfmodell: Pouty-Typ**
>
> Bekannteste Nummern: 6969 und 7246 für Kurbelköpfe mit Glasaugen und Perücken
>
> Köpfe mit gleichen Gesichtern wurden außerdem mit der folgenden Nummer gefunden:
>
> Nr. 7602: Kurbelkopf, Glasaugen, modellierte Haare
> Nr. 7602: Kurbelkopf, Intaglio-Augen, Flockenhärchen
> Nr. 7602: Kurbelkopf, Intaglio-Augen, modellierte Haare
> Nr. 7602: Kurbelkopf, Intaglio-Augen, Perücke
> Nr. 7602: Kurbelkopf, Intaglio-Augen, modellierte Haare, mit weißer, aber auch mit brauner Hautfarbe
>
> Hier wurden sowohl die gleichen Köpfe mit verschiedenen Seriennummern als auch unterschiedliche Köpfe mit derselben Seriennummer markiert.

auf folgende Fakten: Die Puppenkopf-Produktion der Gebrüder Heubach begann erst etwa bei der Nummer 5500 und ging – mit Unterbrechungen – fortlaufend weiter. Eines der ersten Puppenkopfmodelle, das wir von der Firma kennen, ist das lachende Kind mit offengeschlossenem Mund mit zwei Zähnchen im Unterkiefer. Es trägt die Nummer 5636, eine der frühesten Nummern. Daß diese Serie wirklich eine der ersten war, dafür spricht das Inserat des amerikanischen Versandhauses Strobel & Wilken. Es besagt, daß 1909 von den Gebr. Heubach die ersten drei Charakterpuppen mit Glasaugen, Perücken und Composition-Körper (markiert mit der Halsmarke *5636*), als *Lachende Jubiläums-Babys* angegeben wurden. Nach dieser Nummer folgen nur höhere Nummern bis etwa 13000 – eine der letzten Nummern ist die 12386 für das Bonnie Babe, das nachweislich um 1925 auf den Markt kam –, während Nummern unter 5000 für Puppenköpfe nicht mehr auftauchen. Wenn dies noch der Fall sein sollte, gelten sie nicht mehr als gesichert.

Rekonstruieren von Seriennummern

Erst bei Erstellen und Überprüfen der Nummernliste stellte sich heraus, daß überraschend viele Seriennummern der Heubach-Puppen falsch entziffert worden sind. Aus diesem Grund halten wir einige Informationen zu diesem Thema für unerläßlich und hilfreich.

Die Größennummern, die am Hinterkopf der Puppen eingeprägt wurden (es handelt sich hier um Zahlen zwischen 0 und 16), sind in der Regel recht deutlich zu entziffern; aber bei den vier- bis fünfstelligen Seriennummern, die für den Sammler weitaus größere Bedeutung haben, verhält es sich ganz anders. Diese eingeprägten Nummern sind häufig so undeutlich, daß man sie kaum noch oder gar nicht mehr entziffern kann. Manchmal fehlen einige Ziffern vollständig oder die Zahlen stehen nur zum Teil da, was wiederum zu Irrtümern beim Ablesen führen kann.

Beabsichtigt nun der Sammler, die Richtigkeit fraglicher oder unvollständiger Nummern anhand unserer Nummernliste zu überprüfen oder zu rekonstruieren, so sollte er vorher wissen, daß Kurbelköpfe und Brustblattköpfe stets unterschiedliche Seriennummern aufweisen und daß Puppen, die in größeren Mengen produziert wurden, verschiedene Seriennummern haben können. Hier erhebt sich allerdings die Frage, ob es sich dabei wirklich jeweils um verschiedene oder um falsch abgelesene Seriennummern handelt. Hierfür ein Beispiel: Von der Puppe *Coquette* mit Kurbelkopf wurden uns schriftlich fünf ähnliche Seriennummern übermittelt, nämlich 7703, 7763, 7764, 7768 und 7788. Nach mehreren Vergleichen nehmen wir an, daß die Seriennummer 7788 die richtige sein dürfte.

Auf die jeweilige Beschreibung der Puppen sollte ebenfalls geachtet werden.

Vor allem muß jedoch beim Rekonstruieren von Seriennummern berücksichtigt werden, daß viele Ziffern nur teilweise eingeprägt sind oder ganz fehlen. So werden uns des öfteren vierstellige Seriennummern übermittelt, die mit einer Eins beginnen. Hier steht gleich fest, daß diese Nummern nicht stimmen können. Es fangen zwar alle fünfstelligen Nummern mit einer Eins an (sie gehen bis etwa 13000), aber niemals die vierstelligen Nummern, da die Numerierung der Puppenköpfe der Gebr. Heubach erst

Rekonstruieren von Seriennummern

etwa bei der Nummer 5500 begonnen hat. Aus Erfahrung können wir sagen, daß hier meistens eine Sieben mit einer Eins verwechselt wurde, weil von der Sieben nur ein senkrechter Strich zu sehen ist, der dann als Eins gedeutet wird. Von der Acht ist auch recht häufig nur die Hälfte zu sehen, die dann als Drei abgelesen wird, weil sie in diesem Fall in der Tat wie eine Drei aussieht. Ferner haben wir beobachtet, daß auch Verwechslungen der Acht mit der Sechs, der Vier mit der Sieben, der Zwei mit der Neun aber auch mit der Sieben, der Null mit der Sechs, der Fünf mit der Sechs und viele andere recht häufig vorkommen.

Allerdings sollte auch berücksichtigt werden, daß es sich bei einer vierstelligen Zahl, die mit einer Eins beginnt, nicht immer um einen Lesefehler, sondern um eine fünfstellige Zahl handeln kann, der lediglich eine Ziffer fehlt (Seriennummern über 13000 scheiden hierbei jedoch wahrscheinlich aus). Um in diesem Fall die genaue Seriennummer ermitteln zu können, müssen Vergleiche mit den Nummern gleicher Puppen angestellt werden. Hier und allgemein empfiehlt es sich, auch das Bildmaterial zu Hilfe zu nehmen.

Wie wir bereits in dem Artikel über Markierungen erwähnt haben, wurde bei den Gebr. Heubach sehr unterschiedlich markiert, und das bezieht sich nicht nur allgemein auf Puppenköpfe, sondern auch auf gleiche Puppenköpfe. So finden wir des öfteren gleiche Köpfe, die zwar manchmal Heubach-Markierungen, aber keine Seriennummern haben, und wieder andere gleiche Köpfe, die eine Seriennummer aufweisen. Wer diese Nummern nun von seiner eigenen Puppe wissen möchte, braucht nur anhand unseres Bildmaterials eine gleiche Puppe mit eingeprägter Seriennummer ausfindig zu machen, um seine Puppe entsprechend zuordnen zu können.

Sollten gesuchte Seriennummern nicht auf der Nummernliste stehen, so kann das bedeuten, daß die abgelesene Seriennummer entweder nicht richtig entziffert wurde oder auch, daß es sich um die noch nicht erfaßte Seriennummer einer seltenen Puppe handeln könnte.

Auf eines möchten wir noch hinweisen: Wir haben versucht, soweit es uns möglich war, die Nummern zu überprüfen, da wir es aber überwiegend mit Fotomaterial und schriftlich übermittelten Seriennummern zu tun hatten, können wir leider nicht für die Richtigkeit sämtlicher Seriennummern garantieren. Seriennummern, die wir jedoch aufgrund von mehreren Vergleichen als gesichert betrachten, haben wir **mit einem * gekennzeichnet.** Zweifelhafte Nummern wollten wir eigentlich nicht erwähnen, haben sie jedoch des öfteren zwecks Vervollständigung der Liste und weil auch sie eventuell Hinweise geben können, dennoch aufgenommen.

Seriennummernliste Gebr. Heubach

Leider ist es uns nicht immer möglich, vollständige Angaben zu machen, da die Puppen des öfteren ihre Besitzer gewechselt haben.

Wenn modellierte Haare angegeben werden, so trifft das in der Regel für die größeren Puppen zu, kleinere haben oft nur gemalte Haare.

Fünftausender Seriennummern
* 5636 Typ *Lachende Heubach*, Kurbelkopf, Glasaugen, Perücke (s. Abb. 1)
* 5689 Kurbelkopf, Glasaugen, Perücke (s. Abb. 3)
* 5730 *Santa*, Kurbelkopf, Perücke, Glasaugen (s. Abb. 4)
* 5777 *Dolly Dimple*, Kurbelkopf, Schlafaugen, Perücke (s. Abb. 8)

Sechstausender Seriennummern
* 6688 Typ *Pouty*, Brustblattkopf, modellierte Haare, Intaglio-Augen (s. Abb. 10)
* 6692 Brustblattkopf, modellierte Haare, geschlossener Mund, Intaglio-Augen (s. Abb. 11)
    6704 Zwei-Gesichter-Puppe, Intaglio-Augen, Perücke, lachend und weinend
* 6736 Typ *Lachende Heubach*, Brustblattkopf, Intaglio-Augen (s. Abb. 14)

    6774 möglicherweise 8774
* 6894 Kurbelkopf, Typ *Pouty*, modellierte Haare, Intaglio-Augen (s. Abb. 15)
* 6897 Typ *Lachende Heubach*, Kurbelkopf, modellierte Haare, Intaglio-Augen (s. Abb. 16)
* 6969 Typ *Pouty*, Kurbelkopf, Perücke, Schlafaugen oder Intaglio-Augen (s. Abb. 20)
* 6970 Kurbelkopf, Perücke, Glas-Schlafaugen oder Intaglio-Augen (s. Abb. 27)
* 6971 Typ *Lachende Heubach*, Perücke, Glas- oder Intaglio-Augen (s. Abb. 29)

Siebentausender Seriennummern
    7025 oder
    7026 Damentyp siehe 7926 (Abb. 86)
* 7054 Brustblattkopf, modellierte Haare, offen-geschlossener Mund mit zwei Zähnchen oben, modellierte Zunge (s. Abb. 30)
    7064 möglicherweise 7054, lächelnd
    7072 Brustblattkopf, Glasaugen, geschlossener Mund
    7077 Mädchen mit modellierter Haube, Nummer schlecht lesbar, könnte 7977 heißen
* 7129 Brustblattkopf, modellierte Haare, Intaglio-Augen, offen-geschlossener Mund mit zwei Zähnchen unten (s. Abb. 31)
    7134 schreiendes Kind, möglicherweise 7634
    7144 möglicherweise 7744
* 7246 Typ *Pouty*, Kurbelkopf, Glasaugen, geschlossener Mund, Perücke (s. Abb. 33)
* 7247 Kurbelkopf, Perücke, Glasaugen (s. Abb. 39)
    7248 möglicherweise 7246
    7256 möglicherweise 7246
* 7307 Kurbelkopf, Perücke, Glasaugen (s. Abb. 40)
    7314 Typ *Lachende Heubach*, Intaglio-Augen, modellierte Haare, Kurbelkopf

Sammlerhilfe: Seriennummernliste

7326 Damentyp, wie 7926
* 7407 Kurbelkopf, Perücke, Glasaugen, geschlossener Mund (s. Abb. 44)
7448 Perücke, Intaglio-Augen, schiefer Mund
7518 Brustblattkopf, Perücke, Glasaugen, modellierte Zunge (s. Abb. 45)
* 7580 Brustblattkopf, modellierte Haare, Intaglio-Augen, modellierte Zunge (s. Abb. 47)
7589 *Googly* mit gemaltem Haar
* 7602 Typ *Pouty*, Kurbelkopf, Intaglio-Augen oder Glasaugen, Flockenhaar oder modellierte Haare, weiße oder braune Hautfarbe (s. Abb. 48)
* 7603 Kurbelkopf, modellierte Haare, Intaglio-Augen (s. Abb. 55)
* 7604 Typ *Lachende Heubach*, gemalte und modellierte Haare, Intaglio-Augen, weiße oder braune Hautfarbe (s. Abb. 57)
7608 möglicherweise 7603
7612 möglicherweise 7602, Intaglio-Augen, modellierte Haare
7616 möglicherweise 7518
7620 Kurbelkopf, Intaglio-Augen, modellierte Haare, offen-geschlossener Mund mit zwei Zähnchen oben
* 7622 Kurbelkopf, Intaglio-Augen, modellierte Haare (s. Abb. 59)
7628 Kurbelkopf, modellierte Haare, Intaglio-Augen, modellierte Zunge (s. Abb. 60)
* 7634 Schreiendes Kind, Kurbelkopf, offen-geschlossener Mund mit modellierter Zunge (s. Abb. 61)
7644 Brustblattkopf, modellierte Haare (s. Abb. 62)
* 7658 Neger, Brustblattkopf, modellierte Haare, Intaglio-Augen, offen-geschlossener Mund mit zwei modellierten Zähnchen (s. Abb. 63)
* 7659 wie 7658, ohne Zähnchen
7669 Kurbelkopf, Perücke, Glasaugen (s. Abb. 64)
* 7671 Kurbelkopf, Neger mit offen-geschlossenem Mund wie 7659 (s. Abb. 65)
7672 Kurbelkopf, modellierte Haare, Intaglio-Augen, offen-geschlossener Mund, Grübchen
7703 *Coquette*, Kurbelkopf, möglicherweise 7788
* 7711 Kurbelkopf, Perücke, Schlafaugen, offener Mund
7744 Kurbelkopf, modellierte Haare, Intaglio-Augen, geschlossener Mund, schmollend (s. Abb. 68)
7745 Kurbelkopf, modellierte Haare, Intaglio-Augen, lachend
7759 Kurbelkopf, modellierte Haare, Intaglio-Augen (s. Abb. 69)
* 7761 Kurbelkopf, verzogener Mund, modellierte Haare (s. Abb. 71)
7763 *Coquette*, siehe 7788
* 7764 *Singende Heubach*, Kurbelkopf (s. Abb. 76)
7768 *Coquette*, siehe 7788
* 7788 *Coquette*, Kurbelkopf, modellierte Haare mit blauer Schleife, offen-geschlossener Mund mit mehreren Zähnchen (s. Abb. 77)
7843 Brustblattkopf, wie 7761
7849 Brustblattkopf, modellierte Haare, Intaglio-Augen
7850 Brustblattkopf, *Coquette*, sonst wie 7788
7852 Brustblattkopf mit modellierter Schneckenfrisur (s. Abb. 78)
7857 siehe möglicherweise 7852
* 7865 Kurbelkopf, modellierte Haare mit rosa oder blauer Schleife, Intaglio-Augen (s. Abb. 81)
7867 möglicherweise 7852
7877 möglicherweise 7977
7885 möglicherweise 7865
7911 Kurbelkopf, modellierte Haare, lachend (s. Abb. 85)
7926 Brustblattkopf, Damentyp, Perücke, Glasaugen (s. Abb. 86)
7956 Kurbelkopf, Mädchen mit modellierten Haaren (s. Abb. 90)
7959 Kurbelkopf, Mädchen mit anmodellierter Haube (s. Abb. 92)
* 7975 Kurbelkopf, *Baby Stuart* mit abnehmbarer Haube (s. Abb. 94)
* 7977 Kurbelkopf, *Baby Stuart* mit anmodellierter Haube (s. Abb. 96)

Achttausender Seriennummern

* 8035 Kurbelkopf, modellierte Haare, Intaglio-Augen (s. Abb. 100)
* 8050 Kurbelkopf, lachendes Mädchen (s. Abb. 100)
8085 möglicherweise 8035
8145 Kurbelkopf, lächelnd, modellierte Haare (s. Abb. 102)
8164 möglicherweise 8764
8178 Intaglio-Augen, offen-geschlossener Mund
* 8191 Kurbelkopf, in Amerika *Crooked Smile* genannt (s. Abb. 103)
* 8192 Kurbelkopf, Perücke, offener Mund (s. Abb. 105), auch als Kleinpuppe
8202 Mädchen mit modellierten Locken, Intaglio-Augen, geschlossener Mund
* 8244 Kurbelkopf, Perücke, Glasaugen (s. Abb. 107)
8306 Brustblattkopf wie 8191, *Crooked Smile*
8316 Kurbelkopf, lachend (grinsend) (s. Abb. 109)
* 8381 *Juliana*, Kurbelkopf, (s. Abb. 112)
* 8413 Kurbelkopf, lachend (s. Abb. 116)
* 8420 Kurbelkopf, Perücke, geschlossener Mund (s. Abb. 118)
* 8457 Brustblattkopf, alter Mann oder alte Frau (s. S. 28)
8547 Brustblattkopf, Mädchen mit modellierten Haaren (s. Abb. 120)
8548 möglicherweise 8648
8556 Kurbelkopf, modellierte Haare
* 8588 Kurbelkopf, Perücke, Intaglio-Augen (s. Abb. 125)
8589 Kurbelkopf, Glasaugen, Perücke (s. Abb. 126)
8590 *Googly* (s. Abb. 127)

Puppennamen im In- und Ausland

8607 Ganzbiskuit-Puppe, Kurbelkopf, Glasaugen, geschlossener Mund, modellierte Schuhe
8648 Kurbelkopf, modellierte Haare, Intaglio-Augen, schmollend (s. Abb. 129)
* 8656 Kurbelkopf (s. S. 9)
8668 Kurbelkopf, modellierte Haare, geschlossener Mund, Glasaugen
8678 *Googly*, Kurbelkopf, Melonenmund, Glasaugen, Perücke, lächelnd
8723 Googly *Einco*, mit Hebel am Hinterkopf (s. Abb. 135)
8724 Brustblattkopf, Intaglio-Augen, lächelnd
8764 Brustblattkopf, Googly *Einco*
8759 Brustblattkopf, modellierte Haube
* 8774 Einbindekopf, Pfeifer oder Raucher, *Whistling Jim* (s. Abb. 130)
8878 Kurbelkopf, alter Mann oder alte Frau (s. S. 28)
8801 Brustblattkopf, lachend
8878 Kurbelkopf, modellierte Haare, Intaglio-Augen, offengeschlossener Mund mit modellierter Zunge und zwei Zähnchen oben
8979 ⎫
8980 ⎬ *Unsere goldigen Drei*
8981 ⎭

Neuntausender Seriennummern

9056 Googly, Kurbelkopf mit modellierten Haaren, Intaglio-Augen
9081 Kleinpuppe, Kurbelkopf (s. Abb. 162)
9085 Googly
* 9141 *Zwinker* oder *Winker*, Kurbelkopf (s. Abb. 164)
9145 möglicherweise 8145
9167 Kurbelkopf, modellierte Haare, Intaglio-Augen
9169 Kleinpuppe, Brustblattkopf, *Zwinker* oder *Winker*
9209 Clownskopf
9355 Brustblattkopf, *Dolly Dimple*
9457 Brustblattkopf, siehe 8547

9513 Googly, möglicherweise wie 9573
9558 Ganzbiskuit-Mädchen, modellierte Haare und Schuhe, Intaglio-Augen
9573 Googly (s. Abb. 136)
9578 Kurbelkopf, Intaglio-Augen, modellierte Haare
9594 Kleinpuppe mit Perücke, gemalte Schuhe und Strümpfe
9601 Baby mit modellierter Haube

Zehntausender Seriennummern

* 10418 Teepuppe (s. Abb. 188)
* 10490 Ganzbiskuit-Mädchen mit drei blauen Schleifen (s. Abb. 169)
* 10499 Ganzbiskuit-Mädchen mit rotem Haarband (s. Abb. 168)
10500 Ganzbiskuit-Mädchen, Kurbelkopf, modellierte Haare und Schuhe
* 10532 Kurbelkopf, Glas-Schlafaugen (s. Abb. 137)
10539 Schlafaugen, offener Mund, Perücke
10556 ⎫
10557 ⎬ wie 10539
10586 ⎭
10617 Glasaugen, offener Mund, Perücke
* 10633 Brustblattkopf, *Dainty Dorothy* (s. Abb. 139)
10642 Googly mit Perücke
10671 Kurbelkopf, Perücke, Glasaugen, geschlossener Mund (s. Abb. 142)
10727 Schlafaugen, offener Mund, für Gebr. Ohlhaver (s. Abb. 143)
* 10731 *Mirette* Kurbelkopf (s. Abb. 146)
* 10735 *Adlon* (s. Abb. 149)
10785 Clownskopf, Kurbelkopf (s. «Sammlerkriterien»)
10790 Googly (s. Abb. 150)

Elftausender Seriennummern

11010 Schlafaugen, offener Mund, für Gebr. Ohlhaver
11173 *Tiss Me*, Kleinpuppe, Kurbelkopf, Perücke, gespitztes Mündchen (s. S. 28)

Zwölftausender Nummern

12386 Kleinpuppe, *Bonnie Babe* mit Perücke (s. Abb. 176)
12986 Kurbelkopf, Glasaugen, Perücke, offener Mund (s. «Sammlerkriterien»)

𝒫uppen-𝒩amen für 𝒫uppenköpfe der 𝒢ebr. Heubach

Nachfolgend und zusammenfassend werden die Namen aufgeführt, die entweder Warenzeichen bedeuten – manchmal am Hinterkopf der Puppe eingeprägt oder auch auf Aufklebern gefunden – oder sich erst in der neueren Zeit in Sammlerkreisen eingebürgert haben, um bestimmte Puppen benennen zu können. Mit diesen Namen haben einige Puppen mittlerweile einen weltweiten Bekanntheitsgrad erlangt. Hierzu gehören Puppen-Namen wie *Baby Stuart,* der *Zwinker* (in Amerika *Winker*), der *Pfeifer* (in Amerika *Whistling Jim),* die *Singende Heubach* (in Amerika *Singing Susanna*), die *Lachende Heubach,* worunter hier der Typ des lachenden Jubiläumsbabys, Seriennummer 5636, gemeint ist. Unter dem ebenfalls sehr populären Namen *Pouty* verstehen wir heute die schmollenden Puppen mit den leicht nach unten gezogenen Mundwinkeln wie zum Beispiel jene der Seriennummer 6969. In Amerika kennen wir noch den Puppen-Namen *Crooked Smile,* der einen verschmitzt lachenden Jungen mit zwei Reihen Zähnchen bezeichnet.

Außer diesen frei erfundenen Namen sind noch folgende Warenzeichen-Namen bekannt:

Adlon: Name wurde am Hinterkopf eingeprägt gefunden, 1922, für Firma Otto Schamberger, Sonneberg, hergestellt.

Caprice: Googly, 1922, für Firma Emil Bauersachs.

Coquette: 1912, für Firma New York Manufacturing Co, New York.

Dolly Dimple: Name am Hinterkopf eingeprägt gefunden, für Firma Hamburger & Co, Berlin, Nürnberg und New York.

Dainty Dorothy: Name auf Aufkleber gefunden, für das Versandhaus Sears, Roebuck & Co, Chicago.
Einco: Googly, für Firma Eisenmann & Co, Fürth.
Elisabeth: Name am Hinterkopf gefunden, Googly.
Jolly Kids: Googlys, 1913, für Firma Georg Borgfeld & Co, Exporthaus, New York.
Mirette: Name eingeprägt gefunden, höchstwahrscheinlich für Frankreich hergestellt.
Pat-a-Cake: mechanisches kuchenbakkendes Baby, für Firma A. Luge & Co, Sonneberg.
Revalo: für Gebr. Ohlhaver.
Santa: Name am Hinterkopf eingeprägt gefunden, für Firma Hamburger & Co.
Tiss me: für Firma Georg Borgfeld, New York City, 1919.
Whistling Jim: für Firma Wagner & Zetsche, Ilmenau, und Firma Samstag & Hilder, Importhaus, New York (deutsch *Der Pfeifer*).

Hilfestellung beim Identifizieren von ungemarkten Gebr.-Heubach-Puppen anhand des Bildmaterials in diesem Buch

Jeder Sammler, selbst wenn es ihn anfänglich nicht interessiert, will doch irgendwann einmal alles über seine Puppe wissen. Wichtige Fragen sind u. a.: Welche Form- oder Seriennummer hat sie, welche Porzellanfabrik hat den Kopf hergestellt?

Obwohl die Puppenköpfe nach 1900 in der Regel von Porzellanfabriken mit Nummern, Namen oder Firmensymbolen markiert wurden, finden wir gerade unter den Puppen der Gebr. Heubach viele ungemarkte Exemplare. Es kommt vor, daß Sammler nicht wissen, ob es sich bei ihrer Puppe wirklich um eine Charakterpuppe der Gebr. Heubach handelt oder nicht.

Unser reichhaltiges Bildmaterial in diesem Buch wird hier die notwendige Hilfe leisten. Der Sammler kann nun seine Puppe zur Hand nehmen und ist in der Lage, sie mit den schönen, großen und scharfen Fotografien zu vergleichen, um sein Puppenkind zu identifizieren. Vielen wird das auf Anhieb gelingen, andere werden feststellen, daß das nicht leicht ist. Wir haben die Erfahrung gemacht, daß viele Sammler Schwierigkeiten haben, gleiche Puppen aus derselben Modellserie wiederzuerkennen bzw. auseinanderzuhalten.

Puppenköpfe mit gleichen Gesichtern können nämlich sehr unterschiedlich aussehen und ausfallen. Hierfür gibt es einige Gründe: Zum einen ist es die beabsichtigte Veränderung, die durch unterschiedliche Ausstattung der Köpfe entweder mit Perücken oder mit modellierten Haaren, mit Glas- oder mit Intaglio-Augen oder auch nur durch eine veränderte Bemalung zustandekommt, zum anderen eine unbeabsichtigte Veränderung, die im Laufe der verschiedenen Arbeitsgänge des Herstellungsprozesses entsteht. So kann es durchaus vorkommen, daß Puppenköpfe, die doch gleich aussehen sollten, einmal breitere, ein andermal schmälere Gesichter oder auch andere, veränderte Proportionen aufweisen können. Hierzu dürften ein paar Erläuterungen angebracht sein, die jedoch nicht den genauen Herstellungsprozeß schildern sollen – das würde hier zu weit führen –, sondern nur einige Arbeitsgänge, die entscheidend zur Veränderung der Puppenköpfe beitragen.

Jede Firma war bemüht, die Produktionskosten niedrig zu halten, denn die Entwicklung eines schönen, erfolgversprechenden Modellkopfes war eine sehr teure Angelegenheit. Wie selten Firmen einen neuen Modellkopf erwarben, geht aus der Firmenschrift von Kämmer & Reinhardt hervor, die besagt, daß die Firma 25 Jahre lang – von 1884 bis 1909 – mit einem einzigen Modellkopf führend auf dem Markt war. Für die Produktion der Puppenköpfe mußten ja Hunderte, oft tausend und mehr Gipsformen hergestellt werden. Diese Stückzahlen waren erforderlich, weil verschiedene Größen benötigt wurden. Zur damaligen Zeit konnte jede Gipsform nur etwa zwanzig- bis dreißigmal verwendet werden, danach war sie abgenutzt und unbrauchbar. Die ersten Gipsformen wurden direkt vom Modellkopf, der meistens die Größe eines Kinderkopfes hatte, hergestellt. Die daraus gegossenen Porzellan-Puppenköpfe schrumpften beim Brennen um ca. 10–15 %, wobei unterschiedliche Veränderungen der Puppenköpfe sowohl in der Breite als auch in der Länge möglich waren. Starke Abweichungen von der Vorlage wurden zwar als Ausschuß aussortiert, minimale Veränderungen dagegen hat man toleriert.

Durch den Schrumpfungsprozeß entstanden Puppenköpfe, die kleiner als der Modellkopf waren. Diesen Umstand nützte man aus, indem man die Gipsform nunmehr von den Porzellanköpfen direkt abgoß. Auf diese Weise konnte man der Reihe nach jede gewünschte Verkleinerung erzielen. Hierbei summierten sich allerdings die Abweichungen der Puppenköpfe derart, daß sie nach mehrmaligem Verkleinern kaum noch Ähnlichkeit mit dem Modellkopf hatten. In solchen Fällen mußten die Modelleure Abhilfe schaffen. Sie konnten von jedem Porzellanpuppenkopf Gipsformen herstellen und diese beispielsweise mit modellierbarem Wachs ausgießen. Auf diese Weise standen ihnen jederzeit auch kleinere Modellköpfe zur Verfügung, die sie bearbeiten konnten, um so die Ähnlichkeit mit dem großen Modellkopf wieder herzustellen.

Die dritte Art der Veränderungen von Porzellan-Puppenköpfen bestand darin, daß die Modelleure auf Wunsch jedes Kopfmodell umformen konnten. Es war kein Problem für sie, aus einem ernsten Puppengesicht ein lachendes oder ein weinendes zu formen oder aus einem geschlossenen Mund einen offen-geschlossenen mit Zähnchen oder mit einer Zunge zu gestalten. All diese Veränderungen demonstrieren wir anhand der drei Beispiele auf den Seiten 24/25.

Ein Kopfmodell - mehrere Puppentypen

Beispiel 1

Abwandlung von Modellköpfen

Beispiel 2

Beispiel 3

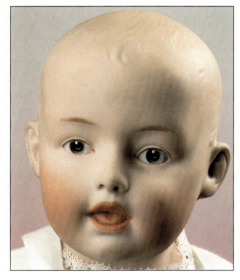
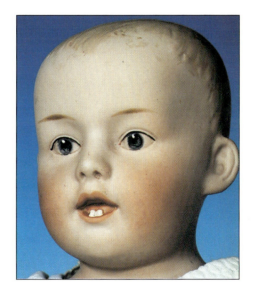
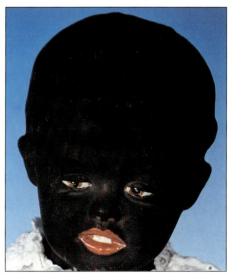

Beim Betrachten eines Puppengesichtes sollte man sich deshalb nicht von unwesentlichen Einzelheiten wie z. B. breiteres oder schmäleres Gesicht oder größere oder kleiner Augen ablenken lassen, man sollte sich vielmehr auf die Gesichtszüge in ihrer Gesamtheit konzentrieren.

Die Abänderung der Modellköpfe bezweckte lediglich, eine recht große Typenvielfalt mit sparsamen Mitteln zu erreichen. Diese Methode wurde von fast allen Porzellanfabriken praktiziert. Keine Firma hat sie aber so perfekt und geradezu genial in die Tat umgesetzt wie die Gebr. Heubach. So erweckt es zunächst den Anschein, daß es mindestens hundert oder mehr verschiedene Typen gibt. Das stimmt auch in gewisser Weise, nur gab es eben wesentlich weniger Grundmodelle. Man kann allerdings kaum sagen, wie viele, weil man bei manchen Puppenköpfen nicht mehr erkennen kann, ob es sich um ein ummodelliertes Kopfmodell handelt oder nicht.

Die Poutys der Gebr. Heubach

Pouty – nicht nur amerikanische Sammlerherzen schlagen höher, wenn von einer Puppe mit diesem Gesichtsausdruck die Rede ist. Pouty, das bedeutet schmollend; viele Sammler haben diesen englischen Ausdruck übernommen, zusammen mit der Begeisterung für diesen Puppentyp. Ein Puppenkind, das schmollend die Mundwinkel nach unten zieht, das müde oder gar ein wenig unglücklich dreinschaut oder das sogar eine zornige Schnute zieht wie der *Boudeur* von S.F.B.J., all das ist gemeint, wenn wir von einem Pouty sprechen.

Die Poutys von Heubach sind unter Sammlern besonders beliebt und gesucht. Nicht daß sie sehr selten wären, aber die große Nachfrage nach ihnen hat sie zu einer etwas teuren Puppe gemacht. Die Poutys, die wir im Bildteil vorstellen, geben einen guten Eindruck von diesem geliebten traurigen Kind. Eines schmollt ein wenig mehr als das andere; oft hängt es nur von kleinen Unterschieden in der Bemalung ab, manchmal auch nur von der Einstellung des Betrachters zur Puppe. Die verschiedensten Ausführungen dieses Kopfmodells, alle seine Abwandlungen, die der aufmerksame Betrachter dieses Buches selbst herausfinden wird, beweisen eines mit Sicherheit: Dieser Modellkopf war erfolgreich und beliebt!

Wir sollten in diesem Zusammenhang vielleicht erwähnen, daß nur wirklich schmollende Puppengesichter zu den Poutys gerechnet werden. Mehr und mehr machen Sammler und sogar manche Buchautoren aus Puppen Poutys, die nun wirklich nicht mehr dazugehören, die manchmal sogar lächeln.

Weitere Heubachfirmen

Friedrich A. Heubach, Nachf., Sonneberg

Gründungsdatum der Firma ist nicht bekannt. 1900 übernahm Otto Rempke die Leitung der Firma nach Fr. A. Heubach allein, bis zum Eintritt von Friedr. A (nton?) Heubach junior 1919.

Herstellungsgebiet: Puppen und Baby-Puppen sowie Spielwaren.

Nach dem Austritt von Otto Rempke aus der gemeinsam geführten Firma leitet Friedr. A. Heubach ab 1922 das Unternehmen allein. Wie lange es danach noch weiter bestand, ist nicht bekannt. 1926 wird es nochmals erwähnt.

Julius Heubach, Lauscha u. Sonneberg

Auch Julius Karl Heubach (*1831) ist ein Mitglied der großen Familie von Porzellanherstellern dieses Namens, die von Simon Heubach abstammt. Er gründete 1868 seine Porzellanfabrik in Lauscha, in der er u. a. auch Porzellanfiguren und Puppenköpfe produzierte. Köpfe aus seiner Produktion sind nicht (gesichert) nachgewiesen. Da offensichtlich ein Sohn fehlte, übernahm ab 1890 Max Buchhold, bis dahin Prokurist der Firma, die Leitung des Betriebes. Max Buchhold war mit Julius Heubachs Tochter Franziska verheiratet.

Herstellungsgebiet um 1893: Porzellanfiguren, alle Arten von Badekindern, Kinderservice. Puppenköpfe werden schon nicht mehr erwähnt, daher sind auch keine signierten Köpfe bekannt, denn die Puppenkopfproduktion endete schon vor der Kennzeichnungspflicht.

1910 wird die Firma in «Max Buchhold, Porzellanfabrik» umbenannt.

Hugo Heubach, Sonneberg

Hugo Heubach gründete 1892 ein Export-Unternehmen für Puppen- und Spielwaren aller Art. Er war eher ein «Zusammensteller» von Puppen, der nicht selbst produzierte. 1924 sind als Firmeninhaber Lonny Heubach und Adolf Zeh erwähnt.

Gustav Heubach, Steinbach/Sonneberg

Gustav Heubach war ein Teilhaber der «Ersten Steinbacher Porzellanfabrik» und erst ab 1936 Alleininhaber. Die Firma wurde 1900 von dem Modelleur Max Kiesewetter gegründet, der lebensgroße Kinder- und Frauenköpfe herstellte (wahrscheinlich Schaufenster-Modellköpfe). 1912 wurde die Firma an Hugo Wiefel verkauft und nannte sich «Wiefel & Co.» Er stellte u. a. auch Puppenköpfe her (W & Co). Diese Produktion mußte während des Ersten Weltkriegs eingestellt werden, vermutlich, weil sie vorwiegend für den Export nach Übersee gedacht war. Erst nach Ende des Kriegs wurde die Produktion wieder aufgenommen, aber lediglich mit Elektroporzellan. Gustav Heubach wurde zusammen mit seinem Schwiegervater Robert Carl 1923 Teilhaber. Nach dem Ausscheiden Wiefels und nach dem Tode von Robert Carl war Gustav Heubach ab 1936 alleiniger Inhaber. Noch um diese Zeit wurden Porzellanköpfe hergestellt.

Sammlertips – Wo kann man Heubach-Puppen kaufen und worauf ist zu achten?

Dem erfahrenen Sammler sagen wir nichts Neues. Für die vielen «Jungsammler», die jedes Jahr zum großen Kreis der Puppenliebhaber hinzustoßen, haben wir die folgenden Zeilen geschrieben, um ihnen so den Einstieg in dieses aufregende und leider auch kostspielige Hobby etwas leichter zu machen.

Um es gleich vorwegzunehmen: Es gibt genügend Heubach-Puppen auf dem Markt, um die eigene Sammlung mit diesen originellen Puppen bereichern oder sogar eine kleine Spezialsammlung aufbauen zu können. Geraten Sie also nicht in Panik, wenn Ihnen eine Puppe angeboten wird. Untersuchen Sie sie in Ruhe, bedenken Sie den Preis und entscheiden Sie dann, ob es wirklich die «ganz große Liebe» ist oder ob Sie nicht lieber auf ein perfekteres Exemplar warten sollten, vielleicht auch auf ein preisgünstigeres. Die allermeisten Puppen kommen heute nicht mehr vom Dachboden, sondern aus Privatsammlungen, die entweder aufgelöst werden oder deren Besitzer einzelne Teile verkauft, meist weil er selbst ein neues Objekt erwerben will. Schön, wenn man direkt aus einer Sammlung kaufen kann, denn einmal hat man mehr Zeit zu überlegen und meist kann man auch mit der Bezahlung etwas mehr Entgegenkommen erwarten. Das setzt aber voraus, daß man schon genügend erfahrene Sammler kennt, deren Sammlung man gesehen hat und zu denen man Vertrauen entwickelt hat. Ein Sammler muß nicht auch ein Fachmann sein, und seine Angaben über eine Puppe sind rechtlich nicht bindend. Eigene Grundkenntnisse, eventuell auch der Rat eines Fachmanns, wären anzuraten.

Flohmärkte waren vor zehn bis zwanzig Jahren noch eine Fundgrube für alte Puppen, gerade auch für Heubach-Puppen, die oft gar nicht erkannt oder beachtet wurden. Auch die Preise waren zu jener Zeit noch so, daß man einen Fehlkauf verschmerzen konnte. Das hat sich heute gründlich gewandelt, denn erstens sind kaum noch gute Puppen auf Flohmärkten zu finden und zweitens ist die Chance, auf eine minderwertige und zusammengesetzte Puppe oder sogar auf eine Fälschung hereinzufallen, relativ groß. Im Schadensfall ist der Verkäufer dann meist nicht mehr zu finden, und so kann eine scheinbar billige Puppe im Endeffekt sehr teuer werden.

Viel sicherer ist es dagegen, in einem Fachgeschäft für antike Puppen zu kaufen, denn dort wird man meist gut beraten, hat Zeit zum Wählen und zur genauen Untersuchung einer Puppe und erhält auf Nachfrage eine Echtheitsgarantie oder sogar eine Expertise. Auch kann der Händler einem helfen, wenn man ein ganz bestimmtes Puppenexemplar sucht. Er kennt andere Händler oder Sammler, die evtl. verkaufen wollen, und so hat der Interessent eine gute Chance, mit etwas Geduld «seine» Puppe zu bekommen. Daß ein Händler Kosten hat, daß er mit seiner Tätigkeit auch etwas verdienen will, darf man dabei nicht vergessen.

Puppenmessen gibt es inzwischen überall im Land und speziell im Winterhalbjahr in so großer Zahl, daß sie für den Geldbeutel so manches Sammlers zur außerordentlichen Belastung geworden sind. Dennoch, für den, der einen klaren Kopf behält, sind diese Messen ein vielfacher Gewinn. Von der Freude, so viele alte Puppen auf engem Raum versammelt zu sehen, einmal abgesehen, gibt es wohl keine andere Möglichkeit, so viel über Preise, Qualitätsunterschiede und Typenvielfalt zu erfahren, wie dort. Selbst langjährige Sammler können noch Neues dazulernen. Der Kauf einer Puppe ist hier viel sicherer als auf dem Flohmarkt, denn die meisten Aussteller sind Händler mit teilweise gutem Fachwissen und auch die ausstellenden Sammler sind namentlich bekannt und so im Zweifelsfall wiederzufinden. Fragen Sie den Verkäufer nach einer Rechnung und einer Echtheitsgarantie. Wenn Sie wirklich am Kauf interessiert sind, wird er die Puppe gerne ausziehen, die Perücke abnehmen und den Kopf mit einer Speziallampe ausleuchten, um so den perfekten Zustand des Porzellans zu demonstrieren. Heubach-Puppen sind zwar nicht so häufig wie manche andere Puppe, einige Exemplare sind aber auf jeder Messe zu finden.

Auf Auktionen zu kaufen, ist schon etwas für Fortgeschrittene. Oft findet man hier besondere Raritäten, die man vielleicht schon lange sucht. Leider aber haben gerade diese besonderen Puppen viele Mitbewerber, und schnell ist der Preis in die Höhe geklettert, die den Marktwert übersteigt. Man sollte sich also unbedingt vorher ein Limit setzen und auch den Katalogtext genau studieren. Dann sollte man Reisekosten, Aufgeld und, wenn man im Ausland kauft, die Zollgebühren schon vorher dazurechnen und dann entscheiden, ob einem das Exemplar dies alles wert ist. Auch sollte man bedenken, daß man die Reise eventuell vergeblich macht. Alle diese Punkte machen klar, daß sich der Aufwand für eine billige Durchschnittspuppe nicht lohnt.

Wo immer Sie also kaufen, denken Sie daran, daß es nie die letzte Puppe dieser Art ist, die Sie da vor sich haben, und behalten Sie einen klaren Kopf! Aber zögern Sie auch nicht zu lange, wenn Ihnen ein besonders schönes, gut erhaltenes oder seltenes Püppchen begegnet, denn andere können es auch bemerken. Man muß auch lernen, sich zu entscheiden.

Wenn man sich für eine Puppe entscheidet, sollte man nicht nur «das Herz sprechen lassen», sondern auch seinen Verstand zu Rate ziehen. Solide Grundkenntnisse können manchen Fehlkauf vermeiden. Sich solche zu erwerben, ist heute viel einfacher geworden, denn es gibt Puppenmagazine und eine große Menge an Fachliteratur, die dabei helfen. Und doch gilt eines immer noch: Nichts geht über persönliche Anschauung! Mit der Zahl der Puppen, die man genau betrachtet hat, wächst die Urteilsfähigkeit über Qualität, Originalzustand und Ausstrahlung einer Puppe. Alle diese Kriterien spielen für den Preis eine wichtige Rolle. Viele Punkte sind für die Beurteilung wichtig, einige wollen wir hier aufzählen:

Bei Biskuitkopfpuppen sind der Zustand und die Qualität des Kopfes besonders wichtig. Ausschlaggebend für den Preis ist es, ob ein Kopf unbeschädigt ist. Hat er einen Haarriß, muß der Preis niedriger sein; befindet dieser sich im sichtbaren Teil des Gesichtes, ist das schwerwiegender, als wenn er am Kronenrand unter der Perücke versteckt ist. Ein Sprung oder gar ein ausgebrochenes Teil sind schon ganz erhebliche Fehler. Hier muß der Preis weit weniger als die Hälfte des Marktwertes betragen. Ebenso verhält es sich mit restaurierten Köpfen. Dennoch sind manchmal gerade Köpfe mit kleinen Fehlern von besonderer Schönheit, und wenn man nicht nur den Wiederverkaufswert einer Puppe im Auge hat, sollte man sehr wohl überlegen, ob man sich eine besonders schöne Puppe mit kleinem Fehler und niedrigerem Preis nicht doch kaufen soll. Museen jedenfalls tun das ab und zu.

Ist der Kopf einwandfrei, spielt die Qualität des Porzellans eine weitere Rolle. Glattes Biskuit ohne Einschlüsse ist natürlich rauhem, unsauberem vorzuziehen, und ein gut durchmodellierter Kopf mit vielen sichtbaren Details ist höher zu bewerten als ein «flacher» Kopf, bei dem in der Form vorhandene Grübchen z. B. gar nicht mehr sichtbar sind. Ob ein Kopf also ein Erstabguß einer Form ist oder einer der letzten Abgüsse kurz vor der Unbrauchbarkeit der Form, ist wichtig für seine Beurteilung. Die Bemalung des Gesichts spielt eine weitere große Rolle, auf die wir im Kapitel «Firmentypische Merkmale» bereits eingegangen sind. Alle diese Kriterien machen deutlich, daß eine Puppe gleicher Größe und gleichen Typs

Ein Glücksfall - Prinzessin-Juliana-Puppe

zwei ganz verschiedene Preise haben kann. Der beliebte Heubach-Pouty (Nr. 6969 oder Nr. 7246) kann in der Qualität so verschieden ausfallen, daß sein Preis, bei gleicher Größe, um einige tausend Mark differieren kann.

Ein wichtiger Punkt beim Kauf ist auch der Körper einer Puppe. Zunächst einmal sollten Kopf und Körper original zusammengehören. Bei vielen Puppen deutscher und französischer Herkunft ist das leicht festzustellen – Jumeau, Bru, Kestner oder auch Kämmer & Reinhardt haben z. B. ganz bestimmte Körper verwendet, meist aus eigener Produktion –, aber bei Heubach und anderen reinen Porzellankopfherstellern ist das schon schwieriger. Im Kapitel über Körper haben wir auf diese Schwierigkeiten hingewiesen. Erfahrung und Sinn für Proportionen helfen hier weiter, und auf alle Fälle sollte der Hals der Puppe in die dafür vorgesehene Vertiefung im Puppenkörper passen. Ein Heubach-Kopf auf einem qualitativ guten Körper erhöht den Wert der Puppe. Auch der Zustand des Körpers spielt eine Rolle. Ist er gut erhalten, sozusagen «unbespielt», ist das ein Glücksfall. Bei stark bespielten Körpern mit abgebrochenen Teilen muß man eine eventuelle Restaurierung in den Preis mit einkalkulieren. Dennoch, der Kopf der Puppe ist der wichtigste Teil, und wenn der sehr gut ist, sollte man wegen eines bespielten oder leicht beschädigten Körpers nicht auf den Kauf verzichten.

Die Seltenheit einer Puppe, bei Heubach wäre das vor allem das außergewöhnliche Gesicht, das nur ganz selten auftaucht oder womöglich bisher noch unbekannt ist, spielt für den Preis natürlich eine wichtige Rolle. Da wäre es unsinnig, auf das bessere Exemplar zu warten. Wenn man z. B. das Glück hat, eine sog. *Prinzessin-Juliana-Puppe* kaufen zu können, die aber nicht ganz so gut ausfällt wie eine, die man von einer Abbildung her kennt, dann sollte man sich dennoch zum Kauf entschließen, vorausgesetzt, sie gefällt einem überhaupt. Ist die Seltenheit einer Puppe bestimmend für einen höheren Preis, so gibt es auch hier Ausnahmen. Eine typische ist der sog. Heubach-Pouty mit Glasaugen.

Dieser Typ ist vielleicht der gesuchteste unter den Heubach-Puppen und ist daher recht teuer, obwohl er eigentlich gar nicht so selten ist. Wie bei so vielen Dingen bestimmt hier die Nachfrage den Preis. Allgemein muß man für eine Heubach mit Glasaugen mehr bezahlen als für das gleiche Modell mit gemalten Augen. Das wiederum hat mit der größeren Beliebtheit von Glasaugen beim Sammler zu tun.

Ein weiterer Preisfaktor ist die Kleidung der Puppe und auch die Perücke. Alt geht hier vor neu und gut erhalten vor zerrissen und abgespielt. Nur selten finden wir noch Puppen im sog. Originalzustand, aber wenn das der Fall ist, erhöht es den Wert der Puppe, selbst wenn sie nicht mehr so ganz «blütenrein» ist. Nachgenähte Kleidung sollte aus altem Material gefertigt sein und im Stil der Charakterpuppen, d. h. kindgerecht und nicht überladen mit Rüschen und Spitzen, wie wir es von manchen alten französischen Puppen kennen. Auch mit der Auswahl der Perücke sollte der kindliche Stil erhalten bleiben.

Zu guter Letzt spielt, wie auch bei anderen Puppen, die Größe einer Heubach-Puppe eine preisentscheidende Rolle. Da Gebr. Heubach in der Mehrzahl kleine bis mittlere Köpfe produzierte, sind die großen Modelle (50 – 90 cm) ziemlich selten. Große Puppen waren zu ihrer Entstehungszeit schon teurer und sind es natürlich auch heute noch.

Alle bis hier erwähnten Punkte sind für den Preis einer Puppe entscheidend. Wie hoch der tatsächliche Marktwert einer Puppe jeweils ist, kann der interessierte Sammler aus Preisbüchern, Ergebnislisten von Versteigerungen und nicht zuletzt auf Puppenmessen erfahren. Schon aus diesem Grund lohnt sich der Besuch einer Puppenmesse.

Quellen- und Fotonachweis zu den drei nebenstehenden Bildern.
Oben: © 1985 Doll Reader Magazine – German Dolls and World War I by Dorothy S. and Evelyn Jane Coleman. Mitte: © 1980 Hobby House Press from Focusing on Gebrüder Heubach Dolls by Jan Foulke. Unten: © 1987, 8th Blue Book Dolls & Values – by Jan and Howard Foulke.

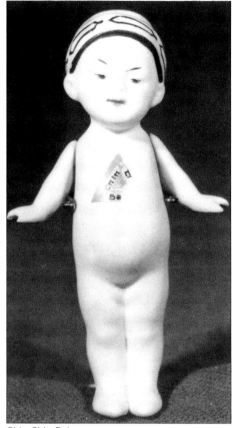
Chin-Chin-Baby

Seriennummer 8457 · Kopf eines alten Mannes (auch alte Frau) oder Indianerkopf.

«Tiss-Me» · Seriennummer 11173.

Ahnentafel der Familie Heubach (Teilauszug)

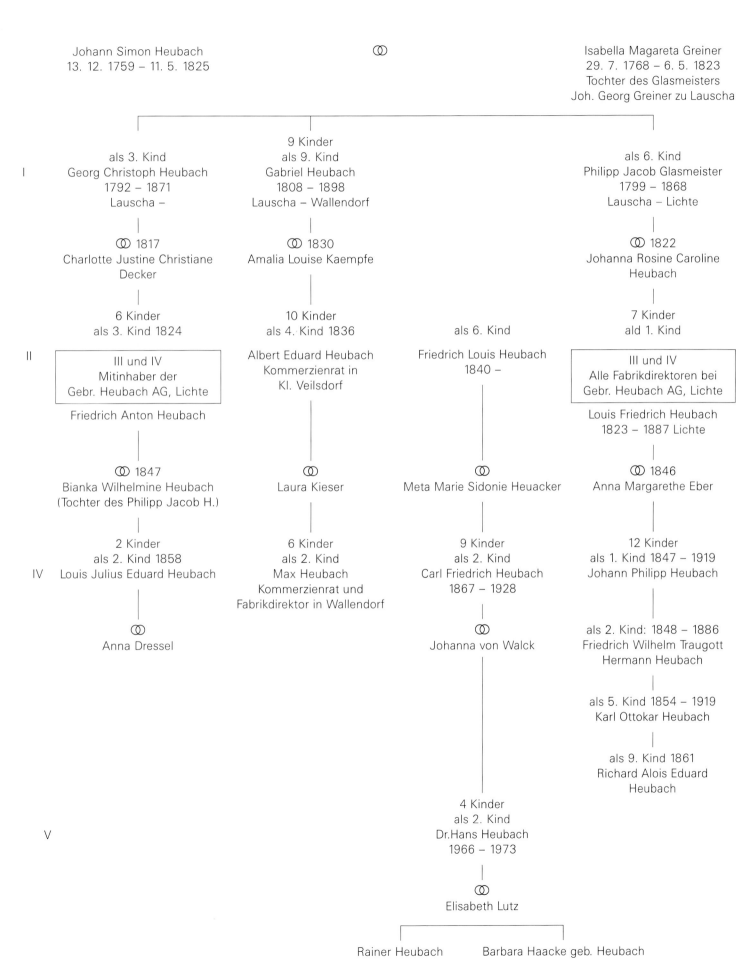

Puppenköpfe aus Biskuitporzellan

Die «Lachende Heubach»

1 Seriennummer 5636 zugeordnet · Halsmarke: 3 Heubach-Sonne Germany (grüner Stempel) 22 · Kurbelkopf · Perücke · Glas-Schlafaugen · offen-geschlossener Mund mit 2 anmodellierten Zähnchen unten · Composition-Korper mit 10 Gelenken · 32 cm groß · ca. 1909 · Gleiche Puppen sollen im Januar 1909 in einer Zeitschrift von Strobel & Wilken als *Lachende Jubiläums-Babys* inseriert worden sein.

Beliebte Heubach-Puppen

«Drei Lausbuben»

2 Puppe im Vordergrund siehe Beschreibung Bild Nr. 1, linke Puppe siehe Bild Nr. 57, rechte Puppe siehe Bild Nr. 29.

Diese drei lachenden und so außerordentlich lebendig wirkenden Kinder gehören zu den bekanntesten und beliebtesten Heubachpuppen. Sie demonstrieren sehr eindrucksvoll, wie vielfältig die Gebr. Heubach ein Kopfmodell genutzt haben. So wurden die gleichen Köpfe entweder mit Glasaugen und Perücke oder mit Intaglio-Augen und Perücke oder mit modellierten Haaren ausgestattet. Der Mund kann sowohl offen-geschlossen als auch offen modelliert sein.

Seriennummer 5689

3 Halsmarke: 5689/13 Heubach-Sonne, DEP ·
Kurbelkopf · Echthaarperücke · braune Glas-
Schlafaugen · offener Mund mit 4 Zähnchen ·
Composition-Körper mit 10 Gelenken · 62 cm
groß · ca. 1909.

Seriennummer 5730

«Santa»

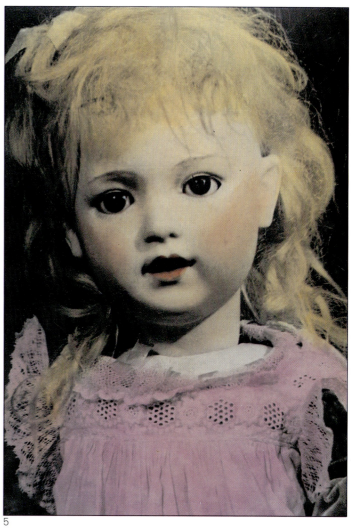

4 Santa · Seriennummer 5730 zugeordnet · Halsmarke: Santa (eingeprägt) Heubach-Sonne · Kurbelkopf · Perücke · offener Mund mit 2 Zähnchen oben · Composition-Körper mit 10 Gelenken · 52 cm groß · ca. 1909.

5 Halsmarke Santa 10 1/2 · Kurbelkopf mit Original-Perücke · offener Mund mit 2 Zähnchen oben · Glas-Schlafaugen · Composition-Körper mit 10 Gelenken · 55 cm groß · ca. 1912. Handkoloriertes Foto.

6 Santa · Halsmarke: Heubach-Sonne, (eingeprägt) Santa 4 · Kurbelkopf · mittelblonde Original-Mohair-Perücke · blaue Glas-Schlafaugen · offener Mund mit 4 Zähnchen oben · Gliederkörper mit 10 Gelenken · 39 cm groß · ca. 1909.

Mit zu den interessantesten Puppen der Gebr. Heubach gehören die Santa-Puppen, die in verschiedenen Ausführungen auf den Markt kamen und für die Firma Hamburger & Co. (Berlin, Nürnberg und New York City) hergestellt wurden. Auch Simon & Halbig produzierte Santa-Puppen für dieselbe Firma, manche trugen die Formnummern 1249, andere die Nr. 1429. Von den Santa-Puppen der Gebr. Heubach stellen wir hier zwei verschiedene Versionen vor, eine, die es häufiger gibt, manchmal mit der Seriennummer 5730, aber auch ohne diese Nummer und eine ungewöhnliche und besonders schöne, von der keine Seriennummer bekannt ist. Aufgrund einiger firmentypischer Merkmale wird sie der Firma Gebr. Heubach zugeschrieben, und die Vermutung liegt nahe, daß es sich bei ihr um eine Sonderanfertigung gehandelt hat.

Puppen-Waschtag

7

Eines der süßesten Puppen-Mädchen ist Dolly Dimple, besonders wenn man das Glück hat, ein qualitativ hochwertiges Exemplar zu erstehen. Ihren Namen verdankt sie ihren lustigen Grübchen. Ihr Puppenkopf war in erster Linie für Amerika bestimmt; deshalb der Name in englischer Sprache. Heute wird diese sehr beliebte und seltene Puppe des öfteren aus Amerika zurückgekauft. Sie ist eine der frühesten Charakterpuppen.

7 Waschtag mit *Dolly Dimple*

8 Halsmarke: 5777 DEP Dolly Dimple Germany 8 Heubach-Sonne · Kurbelkopf · alte Mohair-Perücke · Glas-Schlafaugen · offener Mund mit 2 Zähnchen · zwei Grübchen in den Wangen, eines im Kinn · Composition-Körper mit 10 Gelenken · 50 cm groß · ca. 1909.

9 Halsmarke: DEP Dolly Dimple H Germany 7 1/2 · Kurbelkopf · Echthaar-Perücke · Glas-Schlafaugen · offener Mund mit 4 Zähnchen oben · Grübchen in Wangen und Kinn · Composition-Körper mit 10 Gelenken · 48 cm groß · ca. 1909

9a Porträt der Puppe Bild Nr. 9.

9b Halsmarke der *Dolly Dimple*.

Seriennummer 5777

«Dolly Dimple»

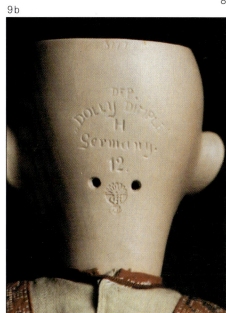

Seriennummern 6688/6692

10

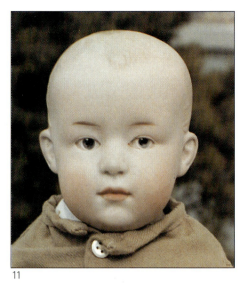
11

12

10 Halsmarke: 6688 7 · Typ *Pouty* · Brustblattkopf · modellierte Haare · Intaglio-Augen · geschlossener Mund · Lederkörper · 48 cm groß · ca. 1912.

11 Halsmarke: 6692 Heubach-Sonne 4 · Brustblattkopf · gemalte Haare · Intaglio-Augen · geschlossener Mund · Stoffkörper · Arme und Beine aus Composition · 40 cm groß · ca. 1912.

12 Halsmarke: 2 Germany (grüner Stempel) 33 · Kurbelkopf · modellierte Haare · Intaglio-Augen · ofen-geschlossener Mund · Composition-Körper mit 10 Gelenken · 36 cm groß · ca. 1912.

Puppengruppe

13 Vier Heubach-Jungen mit altem Blechspielzeug.

Seriennummern 6736-6969

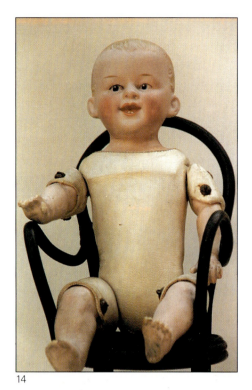
14

15

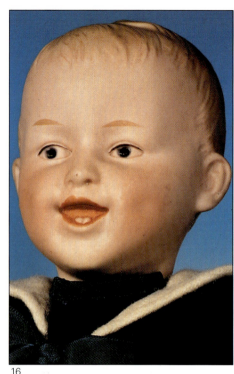
16

17

18

19

14 Halsmarke: 6736 Germany · Typ *Lachende Heubach* · Brustblattkopf · modellierte Haare · Intaglio-Augen · offen-geschlossener Mund mit 2 Zähnchen unten · Leder-Babykörper · 26 cm groß · um 1912. Gleiche Puppenköpfe wurden auch für Automaten, z.B. für das Pat-a-Cake-Baby verwendet.

15 Halsmarke: 6894 Germany 6 (grüner Stempel) 37 · Typ *Pouty* · Kurbelkopf · modellierte und gemalte Haare · Intaglio-Augen · geschlossener Mund · Composition-Babykörper · 35 cm groß · ca. 1912.

16 Halsmarke: 6897 Germany 2 (grüner Stempel) 35 · Typ *Lachende Heubach* · Kurbelkopf · Intaglio-Augen · Composition-Körper mit 10 Gelenken · 27 cm groß · ca. 1912.

17 Halsmarke: 6969 Germany · Typ *Pouty* Kurbelkopf · Mohair-Perücke · Glas-Schlafaugen · geschlossener Mund · Compositions-Babykörper · 30 cm groß ca. 1912.

18 Halsmarke: 6969 Heubach-Quadrat 7 · Typ *Pouty* · Kurbelkopf · Original-Mohair-Perücke · blaue Glas-Schlafaugen · Composition-Körper mit 10 Gelenken von C. & O. Dressel · 46 cm groß · ca. 1912.

«Pouty»

20

19 Halsmarke: 6969 Germany 5 · Typ *Pouty* Kurbelkopf · Mohair-Perücke · Intaglio-Augen (bei dieser Seriennummer sehr selten) · geschlossener Mund · Composition-Körper mit 10 Gelenken · 38 cm groß · ca. 1912.

20 Halsmarke: 6969 · Typ *Pouty* · Kurbelkopf · Echthaarperücke · braune Glas-Schlafaugen · geschlossener Mund · Composition-Körper mit 10 Gelenken · 40 cm groß · ca. 1912 · alte Keidung.

Viele Sammler halten das *Pouty* für das schönste und liebenswürdigste Puppenkind der Gebr. Heubach. Es ist die Zierde und der Mittelpunkt einer Heubach-Sammlung, und so mancher würde am liebsten nur Poutys sammeln, wenn sie nur erschwinglich und außerdem nicht so selten wären. Betrachten wir einmal so ein Puppengesicht mit den typisch nach unten gezogenen Mundwinkeln, so fragen wir uns, was uns daran so gut gefällt. Zweifellos ist es nicht die Schönheit allein, sondern eher der sanfte, ein wenig traurige Ausdruck des Kindergesichts, der uns anrührt.

Seriennummer 6970

21

22

23

24

25

26

21 Halsmarke: Heubach-Sonne · Kurbelkopf · Perücke · Glasaugen · offen-geschlossener Mund · Composition-Körper · 50 cm groß · ca. 1912.

22 Halsmarke: 6970 Germany 7 · Kurbelkopf · braune Mohair-Perücke · Glas-Schlafaugen · offen-geschlossener Mund · Composition-Körper gemarkt von Cuno & Otto Dressel · altes Kleid · 46 cm groß · ca. 1912.

23 Halsmarke: 6970 · Kurbelkopf · Echthaarperücke · Glas-Schlafaugen · offen-geschlossener Mund · Composition-Körper · 47 cm groß · ca. 1912.

24 Halsmarke: 6970 Germany, Heubach-Sonne · Kurbelkopf · Originalperücke · Intaglio-Augen · offen-geschlossener Mund · Composition-Körper von C. & O. Dressel mit 10 Gelenken · Originalkleidung · ca. 40 cm groß · ca. 1912.

25 Halsmarke: 6970 Heubach-Sonne, Germany 4 (grüner Stempel) 3 · Kurbelkopf · Perücke · Intaglio-Augen · geschlossener Mund · Composition-Körper mit 10 Gelenken · 35 cm groß · ca. 1912.

26 Halsmarke: 6970 Germany 8 · Kurbelkopf aus rosa Porzellan · Perücke · Intaglio-Augen · geschlossener Mund · Composition-Körper mit 10 Gelenken · 55 cm groß · ca. 1912.

Nahaufnahme der 6970

Das ausdrucksstarke Kindergesicht dieser wunderschönen Puppe weist große Ähnlichkeit mit dem *Pouty*-Kopf auf. Es hat den Anschein, als stammen beide von demselben Kopfmodell. Viele Sammler geben dieser Puppe deshalb ebenfalls den Namen *Pouty*, was jedoch nicht mehr so ganz stimmen dürfte, da der Mund mit den heruntergezogenen Mundwinkeln, welcher dem «Pounty» den schmollenden Ausdruck verleiht, diesmal anders modelliert und bemalt ist. Er verleiht den Puppen mit der Seriennummer 6970 zwar noch einen ernsten Ausdruck, birgt aber bei vielen bereits den Anflug eines leichten Lächelns in sich. Auch diese Puppe gehört zu den seltenen Sammlerstücken.

27 Halsmarke: 6970 Germany Heubach-Sonne 7 (grüner Stempel) 86 · Kurbelkopf · Original-Mohair-Perücke · blaue Glas-Schlafaugen · offen-geschlossener Mund · Composition-Körper von C. & O. Dressel · 46 cm groß · ca. 1912.

Seriennummern 6971-7246

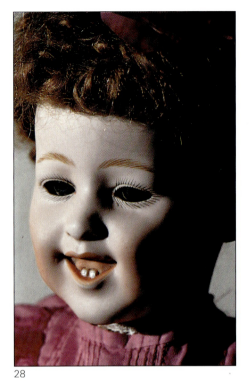
28

29

30

31

32

28 Halsmarke: 6971 Germany H / · Typ *Lachende Heubach* · Kurbelkopf · Perücke · Glas-Schlafaugen · offen-geschlossener Mund mit 2 Zähnchen unten · Composition-Körper mit 10 Gelenken · 50 cm groß · ca. 1912.

29 Halsmarke: 6971 Germany 5 (grüner Stempel) 42 · Typ *Lachende Heubach* · Kurbelkopf · Perücke · Intaglio-Augen · offen-geschlossener Mund · Toddlerkörper mit 10 Gelenken · 37 cm groß · ca. 1912.

30 Halsmarke: 7054 Germany 7 (grüner Stempel) 47 · Brustblattkopf · modellierte Haare · Intaglio-Augen · offen-geschlossener Mund mit modellierten Zähnchen oben · Lederkörper · 55 cm groß · ca. 1912.

31 Halsmarke: 7129 Germany 3 · Brustblattkopf · modellierte Haare · Intaglio-Augen · offen-geschlossener Mund mit 2 Zähnchen unten · Lederkörper · 35 cm groß · ca. 1912.

32 Ganzaufnahme des Jungen mit Samthut, siehe Porträt, Bild. Nr. 33, Typ *Pouty*.

Halbprofil der 7246

33 Halsmarke: 7246 Heubach-Sonne
Germany 9 · Kurbelkopf · Perücke · blaue Glas-
Schlafaugen · geschlossener Mund ·
Composition-Körper mit 10 Gelenken · 55 cm
groß · ca. 1915.

Arrangements mit der 7246

34

35

36

34 Halsmarke: 7246 Germany · Typ *Pouty* · Kurbelkopf · Mohair-Perücke · Glas-Schlafaugen · geschlossener Mund · Composition-Körper mit 10 Gelenken · 42 cm groß · ca. 1915.

35 Halsmarke: 7246 Heubach-Sonne Germany 9 · Typ *Pouty* · Kurbelkopf · blonde Perücke · braune Glas-Schlafaugen · geschlossener Mund · Composition-Körper · 50 cm groß · um 1915.

36 Beschreibung der Puppe siehe Bild-Nr. 20.

37 Halsmarke: 7246 Heubach-Sonne Germany 12 · Typ *Pouty* · Kurbelkopf aus rosa Biskuit · Echthaar-Perücke · blaue Glas-Schlafaugen · geschlossener Mund · Composition-Körper mit 10 Gelenken · 67 cm groß · ca. 1915 · altes Kinderhäubchen. Diese schöne Puppe besticht durch ihren flehenden Ausdruck.

Pouty ohne Seriennummer

38

Seriennummer 7247

39

38 Halsmarke: Germany 6 · Typ *Pouty* · Kurbelkopf aus rosa Biskuit · Mohair-Perücke · blaue Glas-Schlafaugen · geschlossener Mund · Composition-Körper mit 10 Gelenken · 40 cm groß · ca. 1915.

39 Halsmarke: 7247 Heubach-Sonne Germany 6 · Kurbelkopf aus rosa Biskuit · Perücke · braune Glas-Schlafaugen · geschlossener Mund · Composition-Körper mit 10 Gelenken · 45 cm groß · ca. 1915 · große Ähnlichkeit mit Puppe 6970 Bild-Nr. 25.

Seriennummer 7307

40 Halsmarke: 7307 Germany 6 (grüner Stempel unleserlich) · Kurbelkopf · Perücke · graublaue Glas-Schlafaugen · offen-geschlossener Mund mit 2 Zähnchen oben · Composition-Körper mit auffällig kurzen Armen · 38 cm groß · ca. 1915 · alte Kleidung.

Die 7307 in Aktion

41 Drei Puppenkinder beim fröhlichen Seilhüpfen.
Linke Puppe: siehe Bild-Nr. 39.
Mittlere Puppe:
Halsmarke: 7307 Heubach-Sonne Germany 5 · Kurbelkopf · Echthaar-Perücke · blaue Glas-Schlafaugen · offen-geschlossener Mund mit 2 anmodellierten Zähnchen oben · Compositions-Toddlerkörper mit 10 Gelenken · 35 cm groß · ca. 1915 · altes Kleidchen.

Rechte Puppe: Halsmarke: Heubach Quadrat 5 · Kurbelkopf · Echthaar-Perücke · Glas-Schlafaugen · offener Mund mit 4 Zähnchen oben · Composition-Körper mit 10 Gelenken · 40 cm groß · ca. 1915.

Gruppenszenen

42

50

Seriennummer 7407

44

42 Besuch beim Puppenbaby.

43 Heubach-Kinder spielen Eisenbahn.

44 Halsmarke: 7407 Germany 1 · Kurbelkopf aus rosa Biskuit · blonde Mohair-Perücke · braune Glas-Schlafaugen · geschlossener Mund · zwei Grübchen in den Wangen · Composition-Körper mit 10 Gelenken · 28 cm groß · ca. 1915.

Seriennummern 7518-7580

45

46

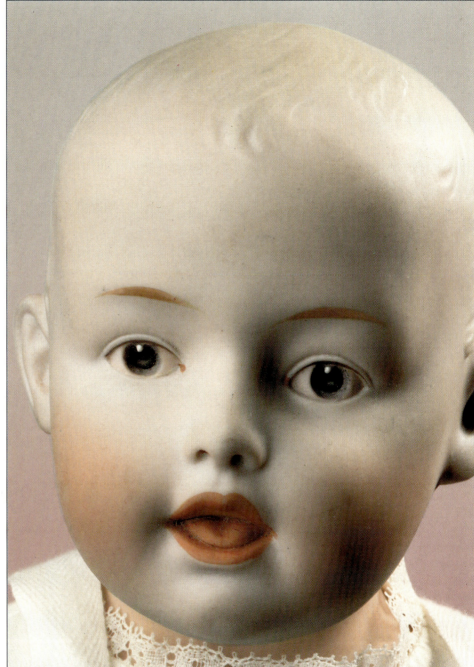
47

45 Halsmarke: 7518 Germany 4 · Kurbelkopf · Echthaarperücke · blaue Glas-Schlafaugen · offen-geschlossener Mund mit modellierter Zunge · Composition-Körper · 29 cm groß · ca. 1915 · alte Kleidung.

46 Halsmarke: Germany 4 · Kurbelkopf · Echthaar-Perücke · blaue Glas-Schlafaugen · offen-geschlossener Mund mit modellierter Zunge · Composition-Babykörper · 30 cm groß · ca. 1915.

47 Halsmarke: 7580 Germany 6 · Brustblattkopf · modellierte Haare · Intaglio-Augen · offen-geschlossener Mund mit modellierter Zunge · Lederkörper mit Gelenkarmen · 50 cm groß · ca. 1915.

Seriennummer 7602

48

49

48 Halsmarke: 7602 Heubach-Sonne 8 · Typ *Pouty* · Kurbelkopf · modellierte Haare · blaue Intaglio-Augen · geschlossener Mund · ungewöhnlicher und exklusiver mit Leder bezogener Toddler-Körper mit Scharniergelenken · Unterarme aus Holz geschnitzt · 53 cm groß · ca. 1915.
Der Puppenkopf zeigt starke Ausdruckskraft und erste Porzellanqualität.

49 Junge, Bild-Nr. 48, in altem grünem Samtanzug mit handgestricktem Gürtel.

7602: Flockenhaare - Negerkopf

50

51

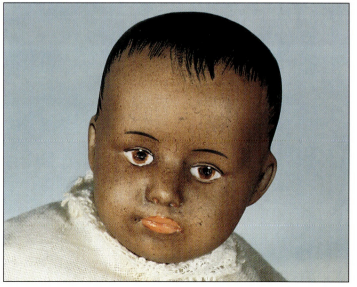

52a

50 Halsmarke: 7602 Heubach-Sonne 5
Germany · Typ *Pouty* · Kurbelkopf · Flocken-
haare · Intaglio-Augen · geschlossener Mund ·
Toddlerkörper mit festen Handgelenken ·
absolut unbespielter Zustand und Original-
Kleidung · 42 cm groß · ca. 1915.

51 Halsmarke: 7602 Heubach-Quadrat 8
Germany · Typ *Pouty* · Geradhalskopf · Mohair-
Perücke nachträglich aufgesetzt · geschlossener
Mund. Siehe auch Bild-Nr. 52b.

52a Halsmarke: 7602 Heubach-Quadrat
Germany · Neger · Kurbelkopf · gemalte
Haare · Intaglio-Augen · geschlossener Mund ·
Composition-Babykörper · 26 cm groß ·
ca. 1915.

7602-Varianten

53

54

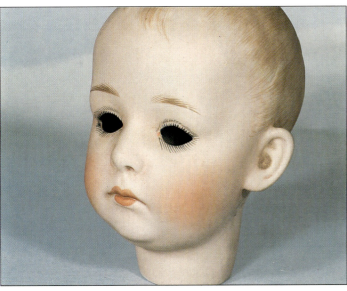

52b

52b Halsmarke: 7602 Heubach-Quadrat 8 Germany · Typ *Pouty* · sehr seltener Geradhalskopf, der am unteren Rand des Hinterkopfes eine daumennagelgroße Aussparung hat, um das Einsetzen von Schlafaugen zu ermöglichen · Höhe 12 cm · ca. 1915.

53 Halsmarke: 7602 Heubach-Sonne 10 Germany · Typ *Pouty* · Kurbelkopf · Echthaar-Perücke · Intaglio-Augen · geschlossener Mund · Composition-Körper mit 10 Gelenken · 60 cm groß · ca. 1915.

54 Halsmarke: 7602 Germany Heubach-Sonne · Typ *Pouty* · Kurbelkopf · modellierte Haare · Intaglio-Augen · geschlossener Mund · Composition-Körper mit 10 Gelenken · 60 cm groß · ca. 1915.

Seriennummern 7603-7604

Die überaus große Vielfalt und das Originelle der Charakter-Puppenköpfe der Gebr. Heubach wird nirgendwo so stark verdeutlicht wie in den Buben-Typen, in denen sich eine ganze Palette menschlicher Emotionen wiederspiegelt. So werden sie zum Inbegriff der vollendeten Charakterpuppe.

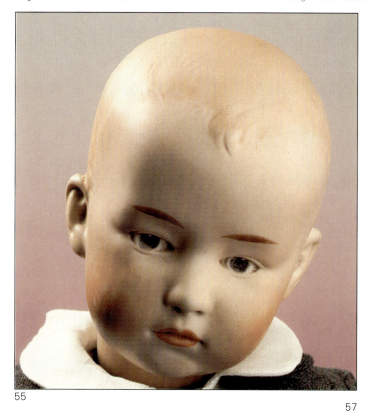
55

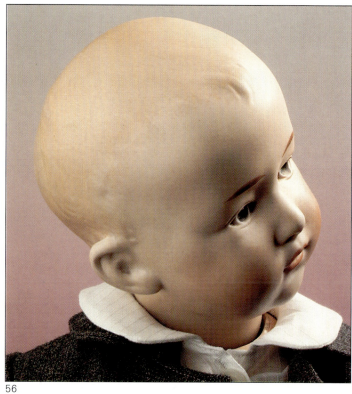
56

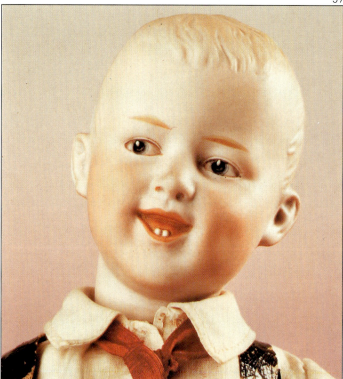
57

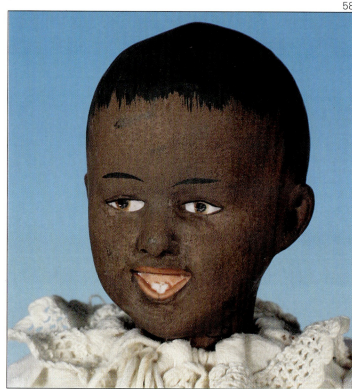
58

55 Halsmarke: 7603 Heubach-Sonne Germany · Kurbelkopf · modellierte Haare · Intaglio-Augen · geschlossener Mund · Composition-Körper mit 10 Gelenken · 45 cm groß · ca. 1915.

56 Junge wie Bild-Nr. 55, jedoch im Halbprofil mit der besonders gut sichtbaren Tiefe der Intaglio-Augen.

57 Seriennummer 7604 zugeordnet · Typ *Lachende Heubach* · Halsmarke: Germany 5 (grüner Stempel) 42 · Kurbelkopf · modellierte Haare · Intaglio-Augen · offen-geschlossener Mund mit 2 Zähnchen unten · Composition-Körper mit 10 Gelenken · 40 cm groß · ca. 1915.

58 Halsmarke: 7604 Heubach-Sonne · Neger · Typ *Lachende Heubach* · Kurbelkopf · Intaglio-Augen · geschlossener Mund · Kopf 5 cm hoch · ca. 1915.

Seriennummern 7602-7644

59

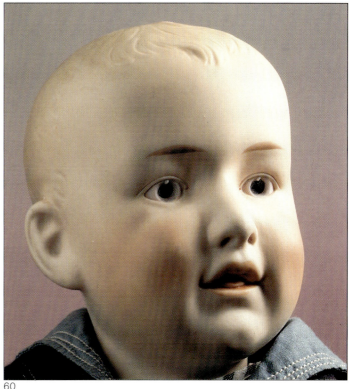
60

61

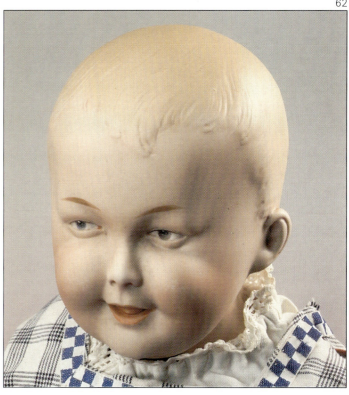
62

59 Halsmarke: 7622 Heubach-Sonne Germany 7 · Kurbelkopf · modellierte Haare · Intaglio-Augen · offen-geschlossener Mund · Composition-Körper mit 10 Gelenken · 48 cm groß · ca. 1915.

60 Halsmarke: 7628 Heubach-Sonne Germany · Kurbelkopf · modellierte Haare · Intaglio-Augen · offen-geschlossener Mund mit modellierter Zunge · am Körper roter Stempel: Made in Germany · 47 cm groß · ca. 1915.

61 Halsmarke: 7634 Germany (grüner Stempel) 62 · Kurbelkopf · modellierte Haare · Intaglio-Augen · offen-geschlossener Mund mit modellierter Zunge · Composition-Babykörper · 38 cm groß · ca. 1915. Das verzerrte Gesicht des «Schreiers» ist an Ausdruckskraft und Modellierkunst wohl nicht mehr zu überbieten.

62 Halsmarke: 7644 Heubach-Sonne 7 Germany (grüner Stempel) 64 · Brustblattkopf · modellierte Haare · Intaglio-Augen · offen-geschlossener Mund mit modellierter Zunge · 52 cm groß · ca. 1915.

Seriennummern 7658-7659

Diese eindrucksvollen Negerjungen werden jeder Sammlung zur Zierde gereichen. Sie stammen von demselben Modellkopf, der sicher ein weißes Kindergesicht gezeigt hat (das kann man am besten an der schlanken Nase erkennen), doch hat man den Modellkopf geringfügig verändert und den

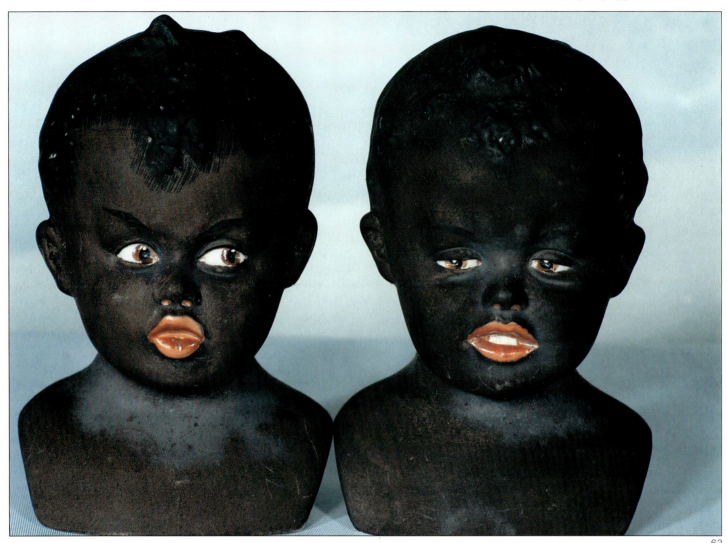

63

63 Halsmarke: 7658 Heubach-Sonne 3 Germany · Neger · Brustblattkopf · modellierte Haare · Porzellan innen rosa · Intaglio-Augen · offen-geschlossener Mund mit weißem Zwischenraum · Kopf 11 cm hoch · ca. 1915.
Halsmarke: 7659 Heubach-Sonne 3 Germany · Neger · Brustblattkopf · modellierte Haare · Porzellan innen rosa · Intaglio-Augen · offen-geschlossener Mund-Kopf 11 cm hoch · ca. 1915.

64 Halsmarke: 7669 Heubach-Sonne Germany 5 · Kurbelkopf · Mohair-Perücke · Glas-Schlafaugen · offen-geschlossener Mund mit Zunge · Composition-Sitzbaby-Körper · 34 cm groß · ca. 1915.

65 Zwei kleine Negerkinder beim Angeln, 22 cm groß.

66 Halsmarke: 7671 Heubach-Sonne mit Dep Germany 2 · Negerbaby · Kurbelkopf · modellierte Haare · Intaglio-Augen · offen-geschlossener Mund · Composition-Baby-Körper · 28 cm groß · ca. 1915.

67 Die Halsmarke des Neger-Babys, Bild-Nr. 66.

64

Seriennummer 7671

Puppenköpfen mittels dunkler Hautfarbe, schwarzem Kraushaar und breiten roten Lippen ein negroides Aussehen verliehen. Unter den farbigen Puppen nehmen sie sich jedenfalls prächtig aus. Sie sind sehr selten und noch kaum veröffentlicht.

65

66

67

Seriennummern 7744-7761

68

69

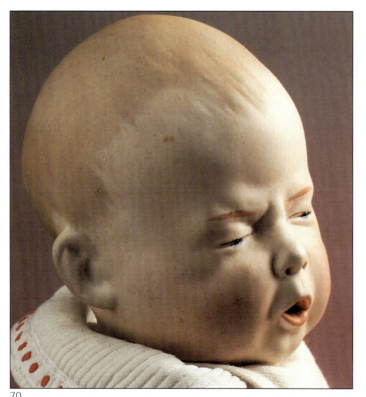
70

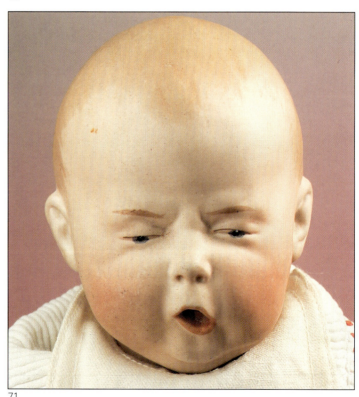
71

68 Halsmarke: 7744 · Rundkopf · modellierte Haare · Intaglio-Augen · ca. 1915.

69 Halsmarke: 7759 Heubach Quadrat Germany 5 · Kurbelkopf · modellierte Haare · Intaglio-Augen · geschlossener Mund · Composition-Toddlerkörper · 39 cm groß · ca. 1915.

70 Das Halbprofil des Babys Bild-Nr. 70.

71 Halsmarke: 7761 Heubach-Quadrat Germany 4 · Kurbelkopf · modellierte Haare · Intaglio-Augen · schiefer, offen-geschlossener Mund · Composition-Babykörper · 31 cm groß · ca. 1915.

Eigenwillige Charakterpuppe

Das «Spinat-Baby»

72 Das Spinat-Baby (linke Puppe) ist eines der eigenwilligsten Typen. Jeder, der den protestierend schief verzogenen Mund dieses Kleinkindes sieht wird wohl daran denken, daß es seinen Spinat nicht essen mag; deshalb hat sich für diese Puppe bereits der Name Spinat-Baby eingebürgert. Rechte Puppe siehe Bild Nr. 41.

Seriennummer 7764

Die «Singende Heubach»

73

74

75

76

73 Zweimal die *Singende Heubach* in ihrer ganzen Schönheit.
Beschreibung der linken Puppe siehe Bild-Nr. 76
Rechte Puppe:
Halsmarke: 7764 Heubach-Quadrat 4 Germany (grüner Stempel) 40 · 37 cm groß, sonst wie die danebenstehende Puppenschwester.

74 Hier eine andere Version des Coquette-Kopfes (Bild-Nr. 77) die für Gebr. Ohlhaver gefertigt wurde. Die Herstellerfirma ist allerdings bis heute zweifelhaft, denn während die firmentypische Bemalung eher auf Ernst Heubach-Köppelsdorf, hinweist, gibt es nach anderen Quellen einen derartigen Puppenkopf mit eingeprägtem Heubach-Quadrat. Demzufolge wäre die Zugehörigkeit zu der Firma Gebr. Heubach als sicher anzunehmen. Halsmarke: Revalo 4 Dep.

75 Ganzaufnahme der *Coquette,* Bild-Nr. 77, und des Jungen, Bild-Nr. 57. Sitzender Dackel gemarkt mit Heubach-Quadrat 3286 · 15 cm groß · grau/weiß.

76 Halsmarke: 7764 Heubach-Sonne 6 Germany (grüner Stempel) 65 · *Singende Heubach* genannt · Kurbelkopf · modellierte Haare und modellierte Schleife · Intaglio-Augen · offen-geschlossener Mund · Composition-Körper mit 10 Gelenken · 42 cm groß · ca. 1915. Dieses liebenswerte Puppenmädchen ist eine große

Die «Coquette»

Rarität und dieser Typ dürfte zu seiner Zeit wohl einmalig gewesen sein. Sein Mund ist weit geöffnet, als wollte es singen.

77 Halsmarke: 7788 Heubach-Sonne 6 Germany · *Coquette* · Kurbelkopf · Haare, Band und Schleife modelliert · seitlich blickende Intaglio-Augen · offen-geschlossener Mund mit anmodellierten Zähnchen · Composition-Körper mit 10 Gelenken · 45 cm groß · ca. 1915.

»Coquette« – ein Name, der alles besagt. Es gäbe keinen besseren für dieses hinreißend kokett in die Welt schauende Puppenmädchen. Ihr «Alter» dürfte keinesfalls dem eines Kleinkindes entsprechen, sondern eher dem eines größeren Mädchens, das bald ins Teenageralter kommt. Wir fanden die Köpfchen sowohl auf längeren schlankeren Körpern als auf kurzen und gedrungenen, obwohl der schlankere Körper weitaus besser zu ihr paßt.

Der «Coquette»-Puppenkopf wurde in erster Linie für den Export produziert. Man findet ihn am häufigsten in Amerika, aber auch in Frankreich, wo er auf französische Puppenkörper montiert wurde. «Coquette» war und ist sehr beliebt und auch heute noch relativ häufig anzutreffen.

Seriennummer 7852

78

80

79

78 Halsmarke: 7852 Heubach-Quadrat 3 Germany · Brustblattkopf · modellierte Schneckenfrisur · Intaglio-Augen · offengeschlossener Mund mit 6 fein modellierten Zähnchen · Stoffkörper mit Biskuit-Armen und -Händen · 36 cm groß · ca. 1915.

79 Das Halbprofil des Mädchens mit der modellierten Schnecken-Frisur, Bild-Nr. 78.

80 Dasselbe Mädchen wie Bild-Nr. 78 mit Pferd und Wagen.

Das freundlich lächelnde Gesicht dieses hübschen Puppenmädchens wirkt durch seine strenge Schneckenfrisur schon recht erwachsen. Es gehört zu den Raritäten nach denen man lange suchen muß. Gleiche Köpfe sind auch mit geschlossenem Mund anzutreffen.

Seriennummer 7865

82

83

81

81 Halsmarke: 7865 Heubach-Quadrat Germany 3 (grüner Stempel unleserlich) · Kurbelkopf · blonde modellierte Locken · grüne modellierte Schleife · Intaglio-Augen · geschlossener Mund · Composition-Körper mit 10 Gelenken · 34 cm groß · ca. 1915 · wahrscheinlich Originalkleidung.

82 Halsmarke: 7865 Heubach-Quadrat Germany 3 (grüner Stempel) 46 · Kurbelkopf · braune modellierte Locken und rosa Schleife · Intaglio-Augen · geschlossener Mund · Composition-Körper mit 10 Gelenken · 36 cm groß · ca. 1915.

83 Ganzaufnahme der beiden bezaubernden Puppenschwestern (Bild-Nr. 81 und 82). Sie sind so selten, daß der Sammler wenig Aussicht hat, sie jemals in Natur zu Gesicht zu bekommen, schon gar nicht zu zweit.

Von großem Liebreiz sind diese beiden verträumt blickenden Mädchen (Bild-Nr. 81/82), die sich nur durch die Farbe ihrer perfekt modellierten Haare und Schleifen unterscheiden.

Badegruppe

84 Das lustige Schaumbad.

85 Halsmarke: 7911 Heubach-Quadrat 5 Germany · Kurbelkopf · modellierte Haare · Intaglio-Augen · offen-geschlossener Mund mit modellierter Zunge · Composition-Babykörper · 35 cm groß · ca. 1915.

86 Halsmarke: 7926 Heubach-Sonne 7/0 · Seltene Damen-Puppe *(Lady-Doll)* · Brustblattkopf · Perücke · Glasaugen · geschlossener Mund · Stoffkörper mit Armen, Händen und Füßen aus Biskuit · gemalte Schuhe und lange Strümpfe · 28 cm groß · ca. 1915.

87 Arrangement mit der *Lady-Doll*.

Seriennummer 7926

«Lady Doll»

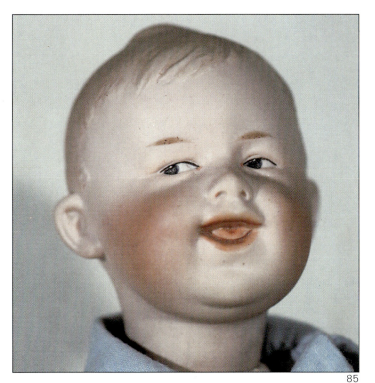
85

86

87

Seriennummer 7956

88

89

88 Vier Puppenkinder beim Kochen auf schönem altem Herd.

89 Das liebliche Profil der beiden Puppen Bild-Nr. 90.

Liebenswertes Pärchen

90

90 Beschreibung des Jungen siehe Bild-Nr. 59.
Mädchen:
Halsmarke: 7956 Heubach-Quadrat 7
Germany · Kurbelkopf · modellierte blonde
Locken · Intaglio-Augen · offen-geschlossener
Mund mit 2 anmodellierten Zähnchen oben ·
Composition-Körper mit 10 Gelenken · 48 cm
groß · ca. 1915.

Ein Traumpärchen geben diese beiden wundervollen Puppen ab, wobei das Mädchen noch höher zu bewerten ist als der Junge. Es ist noch seltener zu finden, feiner im Biskuit und in der Modellierung; ein Höhepunkt für jede Sammlung.

Seriennummer 7959

91

92

91 Halsmarke: 7959 Heubach-Quadrat Germany · Kurbelkopf · modellierte Haare und anmodelliertes Häubchen · blaue Intaglio-Augen · offen-geschlossener Mund · Grübchen in den Wangen · Composition-Körper mit 10 Gelenken · 51 cm groß · ca. 1915 · alte Kleidung.

92 Puppenköpfe mit modelliertem Häubchen sind heute eine ganz große Rarität. Der hier gezeigte Kopf ist von hoher Qualität und noch seltener als der des *Baby Stuart*.

Seriennummer 7975

«Baby Stuart»

Ihren Namen erhielt die Puppe *Baby Stuart* nach einem Gemälde des berühmten Malers van Dyck. Unter anderem wird darauf Prinz James aus dem Hause Stuart als Kind mit einem schönen Häubchen auf dem Kopf dargestellt. Ein Kindergesicht von klassischer Schönheit, in dem wir wieder dem bekannten Pouty-Typ begegnen.

93 Halsmarke: 7975 Heubach-Sonne Dep. 3 Germany · *Baby Stuart* · Kurbelkopf mit abnehmbarer Porzellanhaube · Glas-Schlafaugen · geschlossener Mund · Composition-Babykörper mit 4 Gelenken · 36 cm groß · ca. 1915.
Die Konstruktion mit der abnehmbaren Haube dürfte in der Puppenwelt einmalig sein, hat sich aber sicher nicht bewährt, so daß wahrscheinlich keine weiteren Serien davon produziert worden sind. Aus diesem Grund sind heute auch nicht mehr viele Exemplare davon zu finden. Für den Sammler sind sie jedoch ganz besondere Raritäten.

94 Ganzaufnahme des *Baby Stuart* mit abgenommenem Häubchen aus Biskuit.

95 Halsmarke: 7977 Heubach-Sonne 6 Germany (grüner Stempel) 79 · *Baby Stuart* · Kurbelkopf · anmodelliertes Häubchen · Intaglio-Augen · geschlossener Mund · Toddlerkörper mit 10 Gelenken · 40 cm groß · ca. 1915.

96 Halsmarke: 7977 Heubach-Sonne Germany · *Baby Stuart* · Kurbelkopf mit anmodelliertem Häubchen · Intaglio-Augen · Composition-Babykörper · 30 cm groß · ca. 1915.

Seriennummer 8050

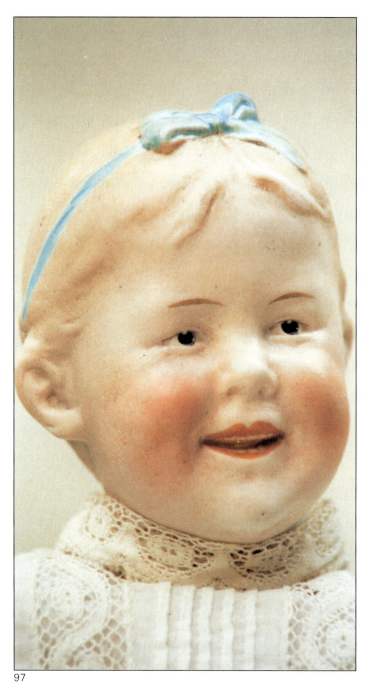

97

98

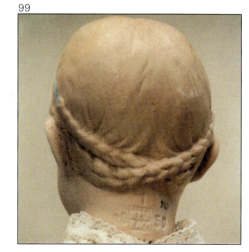

99

97 Halsmarke: 8050 Heubach-Quadrat 1 Germany · Kurbelkopf · Haarband, Schleife und Haare modelliert · Intaglio-Augen · offen-geschlossener Mund mit anmodellierten Zähnchen oben und unten · Composition-Körper mit 10 Gelenken · 30 cm groß · ca. 1918. Eine süße Puppe, aber der Qualitätsunterschied zu der auf Bild-Nr. 100 ist deutlich zu erkennen.

98 Ganzaufnahme des Puppenmädchens mit Spitz.

99 Halsmarke der Puppe Bild-Nr. 97.

Seriennummern 8035-8050

100

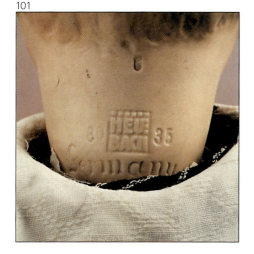

101

Extrem seltenes und außerordentlich lebendig wirkendes bäuerliches Pärchen. Der Betrachter wird besonders von dem Mädchen mit seinem herzlichen Lachen gefesselt, aber auch der Junge wirkt sehr anziehend und sympathisch. Seine Intaglio-Augen sind so perfekt modelliert, daß so mancher Sammler der Meinung ist, sie hätten mehr Leben und Ausstrahlungskraft als Glasaugen. Diesem Pärchen kann man nur mit Superlativen gerecht werden.

100 Halsmarke des Jungen: 8035 Heubach-Quadrat Germany 6 · Kurbelkopf · modellierte Haare · offen-geschlossener Mund · Intaglio-Augen · Composition-Körper mit 10 Gelenken · 44 cm groß · ca. 1915.
Halsmarke des Mädchens: 6 Germany (Seriennummer unleserlich, wahrscheinlich 8050) Heubach-Quadrat · Kurbelkopf · modellierte Haare und Schleife · Intaglio-Augen · offen-geschlossener Mund mit 2 Reihen anmodellierter Zähnchen · Composition-Körper mit 10 Gelenken · 42 cm groß · ca. 1918.

101 Halsmarke des auf Bild-Nr. 100 dargestellten Jungen.

Seriennummer 8154

102

102 Halsmarke: 8145 Heubach-Quadrat 9 Germany · Kurbel-Biskuitkopf · Intaglio-Augen · geschlossener Mund · Toddlerkörper · 50 cm groß · ca. 1915.

103 Halsmarke: 8191 Heubach-Quadrat Germany 6 · Kurbelkopf · modellierte Haare · Intaglio-Augen · offen-geschlossener Mund mit anmodellierter Zunge und Zähnchen oben und unten · Composition-Babykörper · 34 cm groß · ca. 1915.

Seriennummern 8191/8192

«Crooked Smile»

103

104

105

Dieser verschmitzt lachende Junge strahlt eine unbändige Lebensfreude aus. Sein Gesicht ist hervorragend modelliert und von großer Ausdruckskraft. In Amerika nennt man ihn Crooked Smile.

104 Halsmarke: 8192 Germany Gebrüder Heubach Heubach-Sonne G & H · Kurbelkopf, Echthaarperücke · Glas-Schlafaugen · offener Mund mit 4 Zähnchen oben · Composition-Körper mit 10 Gelenken · 65 cm groß · ca. 1915.
Diese Puppe hat zwar ein liebes Gesicht, entspricht aber mehr dem herkömmlichen Puppentyp (Dolly-Face) als dem einer Charakterpuppe.

105 Porträt der 8192 Bild-Nr. 104, im Halbprofil.

Seriennummer 8244

106

107

108

106 Halsmarke: 8244 Heubach-Quadrat Germany · Kurbelkopf · Glas-Schlafaugen · offener Mund mit 4 eingesetzten Zähnchen · Composition-Körper mit 10 Gelenken · 35 cm groß · ca. 1915 · Originalkleidchen und Strohhut.

107 Porträt der Puppe Bild-Nr. 106.

108 Ganzaufnahme des Puppenjungen, Bild-Nr. 109, vor einer Spielzeug-Mühle aus Holz.

Seriennummer 8316

109 Halsmarke: 8316 Heubach-Quadrat 7 Germany · Kurbelkopf · Perücke · Glasaugen · offen-geschlossener Mund mit 8 anmodellierten Zähnchen · Composition-Körper mit 10 Gelenken · 43 cm groß · ca. 1915.
Unter den vielen lachenden Heubach-Buben ist dieser unter dem Namen «Grinsender Junge» (Grinning Boy) bekannt geworden. Auch er gehört zu den äußerst seltenen Charakterpuppen.

«Prinzessin-Juliana-Puppe»

110

111

110 Postkarte mit Kinderfotografie von Prinzessin Juliana.

111 Ganzaufnahme der Puppe Bild-Nr. 112 in ihrem Original-Kleid; dazu gehörten weiße Wadenstrümpfe und halbhohe braune Stiefelchen.

Seriennummer 8381

«Prinzessin-Juliana-Puppe»

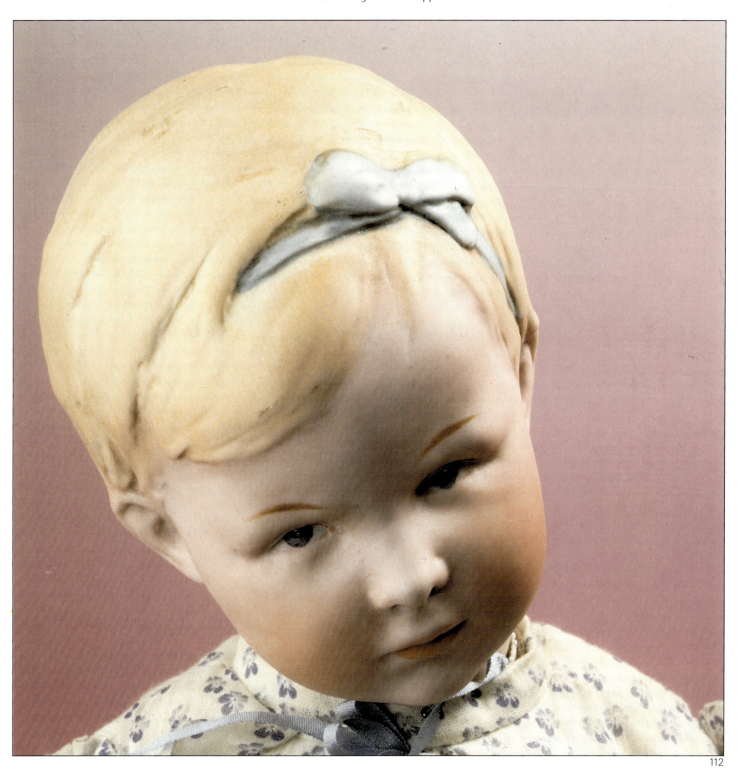

112

Diese ungewöhnliche und äußerst seltene Puppe mit ihrem lieblichen Kindergesicht soll ca. 1915 nach einer Fotografie (Bild-Nr. 110) hergestellt worden sein. Das Bild zeigt Prinzessin Juliana im Alter von etwa 3 Jahren mit einem Strauß Sonnenblumen. Die Puppe soll in der Original-Ausstattung ebenfalls einen Strauß Sonnenblumen in den Händen gehalten haben. Sie wurde in zwei Größen hergestellt, nämlich in 35 und 45 cm, wobei die Größe etwas variiert, da die Puppenkörper unterschiedlich ausfielen.

112 Porträt-Puppe nach Prinzessin Juliana der Niederlande · Halsmarke: 8381 Heubach-Quadrat 7 Germany · Kurbelkopf · modellierte Haare und Schleife · Intaglio-Augen · geschlossener Mund · Composition-Körper mit 10 Gelenken · 47 cm groß · ca. 1915.

Seriennummer 8413

113

114

115

113 Halsmarke: 8413 Heubach-Quadrat 8 Germany · Kurbelkopf · Perücke · Glas-Schlafaugen · offen-geschlossener Mund mit anmodellierter Zunge und 2 Zähnchen · Composition-Körper mit 10 Gelenken · 56 cm groß · ca. 1915.

114 Halsmarke: 8413 Heubach-Quadrat Germany 9 · Kurbelkopf · Perücke · Glas-Schlafaugen · offen-geschlossener Mund mit anmodellierter Zunge und 2 Zähnchen oben · Composition-Toddler-Körper mit 10 Gelenken · 62 cm groß · ca. 1915.

115 Zwei Puppenmädchen in ihren Ausgehkleidern; Beschreibung linke Puppe siehe Bild-Nr. 114, rechte Puppe siehe Bild-Nr. 28.

Offen-geschlossener Mund

116 Porträt der Puppe Bild-Nr. 115.

Wie lebensecht die Kopfmodelle für die Charakter-Puppenköpfe modelliert wurden, zeigt auch diese ungewöhnliche und seltene Puppe. Während ein strahlendes Lächeln ihr Gesicht verklärt, schiebt sie -- genau wie es die «echten» Kinder zu tun pflegen -- aus Verlegenheit die Zunge zwischen den Zähnchen hervor. Im Gegensatz zu Puppen anderer Firmen finden wir bei Gebr.-Heubach-Puppen Zähnchen oben seltener als unten.

Seriennummer 8420

117 Halsmarke: 8420 Heubach-Quadrat Germany 5 · Kurbelkopf · Perücke · Glas-Schlafaugen · geschlossener Mund · Composition-Körper mit 10 Gelenken · 40 cm groß · ca. 1918.

118 Porträt der Puppe Bild-Nr. 117 im Halbprofil.

119 Halsmarke: 8420 Heubach-Quadrat 5 Germany · Kurbelkopf · Original-Mohair-Perücke · blaue Glas-Schlafaugen · geschlossener Mund · Composition-Körper mit 10 Gelenken · 40 cm groß · ca. 1918.

Seriennummer 8547

120

121

120 Seriennummer 8547 zugeordnet (diese Nummer gilt für Brustblattköpfe; die Seriennummer für Kurbelköpfe konnte bisher aufgrund der Seltenheit dieser Puppen noch nicht ermittelt werden).
Halsmarke: 1 · Kurbelkopf · modellierte Haare · Intaglio-Augen · geschlossener Mund · Composition-Körper mit 8 Gelenken · 32 cm groß · ca. 1918.

121 Ganzaufnahme der Puppe im vornehmen weißen Kleidchen, das allerdings gekürzt werden müßte.

Eigenwilliger Charaktertyp

Der sogenannte Bruder Ärgerlich

122

124

123

Obwohl dieser kleine Junge eher böse als lieb ausschaut, wirkt er doch unwiderstehlich herzig auf den Betrachter. Er trotzt und schmollt gleichzeitig auf so drollige Art, daß jeder über ihn schmunzeln muß. So gehört er zu den eingenwilligsten und seltensten Typen und wird von Sammlern sehr gesucht und begehrt. Eine begeisterte Sammlerin sandte uns ein Bild mit Versen vom «Bruder Ärgerlich» und wies uns auf eine gewisse Ähnlichkeit hin.

122 Nackedei vor dem Bad.

123 Ganzaufnahme des Jungen Bild-Nr. 125.

124 Bruder Ärgerlich.

Seriennummer 8588

125

125 Halsmarke: 8588 Heubach-Quadrat 2 18 ·
Kurbelkopf mit Perücke · blau-graue Intaglio-
Augen · geschlossener Schmollmund ·
französischer Composition-Steifgelenkkörper mit
6 Gelenken · 34 cm groß · ca. 1918.

Seriennummern 8589-8590

126

127

128

126 Halsmarke: 8589 Heubach-Quadrat Germany 4 · Kurbelkopf · Kurzhaar-Perücke · Glasaugen · offen-geschlossener Mund mit anmodellierten kleinen Zähnchen und Zungenspitze · Composition-Körper · ca. 30 cm groß · 1918 · Matrosenanzug.

127 Halsmarke: 8590 Heubach-Quadrat Germany 3 · *Googly*. · Kurbelkopf · modellierte Haare · blaue Intaglio-Augen · geschlossener Mund · Composition-Körper · 30 cm groß · ca. 1918.

128 Gruppenbild mit Teddybären; linke Puppe Beschreibung Bild-Nr. 129, rechte Puppe Bild-Nr. 155.

Seriennummer 8648

129

129 Halsmarke: 8648 Heubach-Quadrat Germany · Kurbelkopf · stark modellierte Haare · Intaglio-Augen · geschlossener Mund · Composition-Babykörper mit 4 Gelenken · 58 cm groß · ca. 1918. Dieser drollige Knabe stammt von demselben Kopfmodell wie Bild-Nr. 125. Die Seriennummer könnte möglicherweise auch 8548 lauten.

Seriennummer 8723 siehe Bild-Nr. 135.

Seriennummer 8656 s. S. 9.

Seriennummer 8774

Der «Pfeifer»

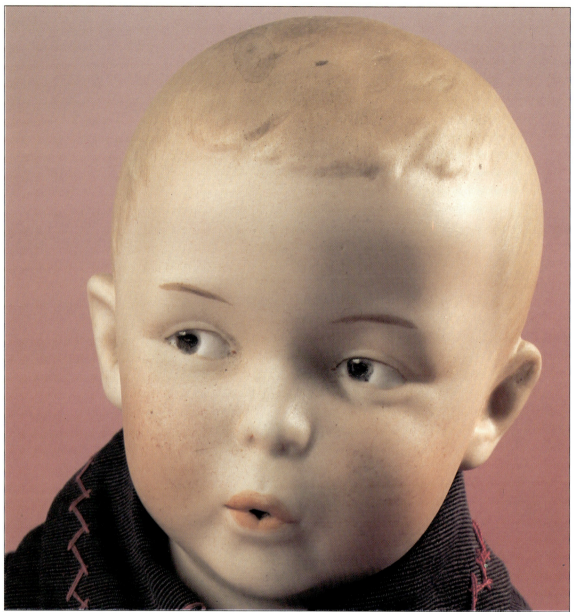

130

Zu den weltweit bekanntesten und populärsten Heubach-Charakterpuppen gehört zweifellos der Pfeifer, der den aufgeweckten und «pfiffigen» Jungen aus dem Volk verkörpert. Er ist ein gesuchtes und beliebtes Sammlerstück. Wie schon die Seriennummer besagt, handelt es sich bei dem Pfeifer und dem Zigarettenraucher um gleiche Köpfe.

130 Halsmarke. 8774 Heubach-Quadrat 3 Germany 28 · Einbindekopf · modellierte Haare · Intaglio-Augen · gespitzter offener Mund · Stoffkörper mit Pfeifbalg · 35 cm groß · ca. 1915.

Seriennummer 8774

Der «Zigarettenraucher»

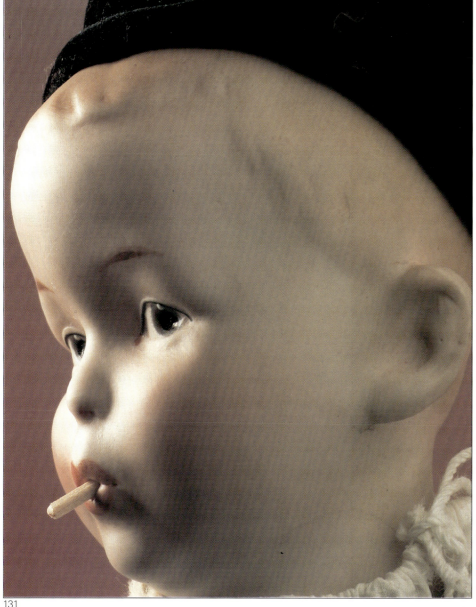

131 Halsmarke: 8774 Heubach-Quadrat 2 Germany · Automatenpuppe · Einbindekopf · modellierte Haare · Intaglio-Augen · offener Mund · Stoffkörper · 35 cm groß · ca. 1918. Die künstliche Zigarette hat keine Funktion. Durch Drehen des Kopfes bewegen sich die Beine, als wenn er einen Schritt machen würde.

132 Der Körper des *Pfeifers* mit eingebautem Blasebalg.

133 Dieselbe Puppe wie Bild-Nr. 131 mit herausgenommener Zigarette.

134 Die Halsmarke des *Pfeifers*.

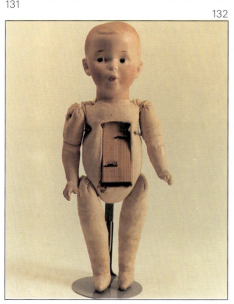

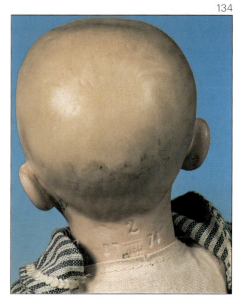

Seriennummer 8723

135

135 Seriennummer 8723 zugeordnet · Halsmarke: 1 Heubach-Quadrat · Kurbelkopf mit Perücke · blaue Glas-Schielaugen · geschlossener Mund · Composition-Babykörper mit 4 Gelenken · 23 cm groß · ca. 1918.

Am Hinterkopf des obigen Googlys befindet sich ein Metallhebel, der den Augenmechanismus bewegt; aus diesem Grund und wegen der großen Ähnlichkeit mit dem Googly Einco, welches für die Firma Eisenmann & Co hergestellt wurde, haben wir das hier abgebildete Googly der Seriennummer 8723 zugeordnet.

Wie alle größeren Porzellanfabriken stellte auch die Firma Gebr. Heubach die niedlichen Googlys her. Die Ähnlichkeit unter den Heubach-Googlys ist so groß, daß man annehmen kann, daß sie fast alle von einem Modellkopf abstammen. Etwas anders sieht das Googly Elisabeth mit seinem winzigen Mündchen aus, von dem wir aber leider kein Foto erhalten konnten, da es sehr selten ist. Es weist jedoch große Ähnlichkeit mit dem Googly Bild-Nr. 248 von Ernst Heubach, Köppelsdorf, auf.

Seriennummer 9573

«Googly»

136

136 Halsmarke: 9573 Heubach-Quadrat ·
Googly · Kurbelkopf · Original-Mohair-Perücke ·
braune Schielaugen aus Glas · geschlossener
Melonenmund · Composition-Körper · Originalkleidung · 17 cm groß · ca. 1918.

Seriennummer 10532

137

138

137 Halsmarke: 10532 Heubach-Quadrat 10 Germany · Kurbelkopf mit Perücke · blaue Glas-Schlafaugen · offener Mund mit 4 Zähnchen oben · Composition-Körper mit 10 Gelenken · 66 cm groß · ca. 1920.
Diese hübsche Puppe verkörpert schon mehr den gemäßigten Charakter-Puppentyp, da sich die Firma Gebr. Heubach in den zwanziger Jahren mehr den herkömmlichen Puppentypen zuwandte.

138 Ganzaufnahme der Puppe Bild-Nr. 137 an altem Puppenwagen.

Seriennummer 10633

«Dainty Dorothy»

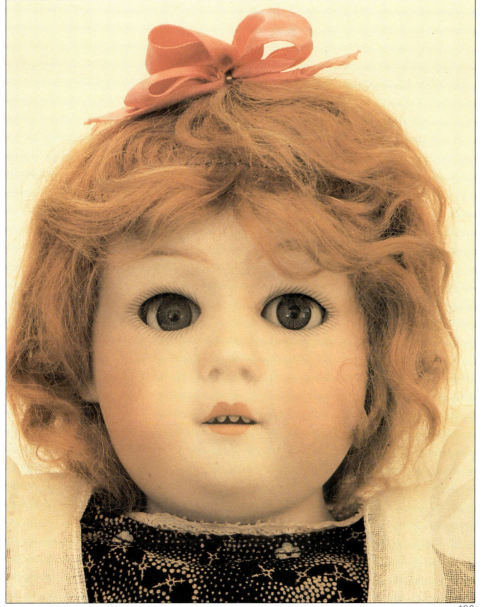

142

140   141   139

Dainty Dorothy ist zwar ein liebes Puppenkind, aber auch sie verkörpert nicht mehr den ausgeprägten Typ einer Charakterpuppe.

139 Seriennummer 10633 zugeordnet · Halsmarke: 3 1/2 Gebr. Heubach · Brustblattkopf mit Perücke · Glas-Schlafaugen · offener Mund mit 4 Zähnchen oben · Lederkörper mit Unterarmen und Unterbeinen aus Composition · 50 cm groß · ca. 1922.

140 Ganzaufnahme der *Dainty Dorothy*.

141 Der Aufkleber mit dem Namen *Dainty Dorothy* auf dem Lederkörper.

142 Halsmarke: 10671 Heubach-Quadrat 2 Germany · Kurbelkopf mit Perücke · blaue Glas-Schlafaugen · geschlossener Mund · Composition-Körper mit 10 Gelenken · 28 cm groß · ca. 1922.

Seriennummer 10727

143

144

145

143 Halsmarke: 10727 REVALO Germany 2 · für die Firma Gebr. Ohlhaver hergestellt · Kurbelkopf mit Perücke · Glas-Schlafaugen · offener Mund mit 4 Zähnchen oben · Composition-Körper mit 10 Gelenken · 30 cm groß · ca. 1922. Auch diese niedliche Puppe entspricht mehr dem herkömmlichen Typ als dem einer Charakterpuppe.

144 Porträt der *Mirette*.

145 *Mirette* mit ihren Spielgefährten · Halsmarke: 10731 Mirette (eingeprägt) 12 · Kurbelkopf mit Perücke · Glas-Schlafaugen · offener Mund mit 4 Zähnchen oben · Composition-Körper mit 10 Gelenken · 70 cm groß · ca. 1922.

Seriennummer 10731

«Mirette»

146

147

148

146 Halsmarke: 10731 Mirette (eingeprägt) 9 · Kurbelkopf mit Perücke · Glas-Schlafaugen · offener Mund mit 4 Zähnchen oben · Composition-Körper mit 10 Gelenken · 58 cm groß · ca. 1922.

147 Die hübsche Kleidung ist dem französischen Stil angenäht. Wie schon der französische Name *Mirette* hindeutet, wurde die Puppe höchstwahrscheinlich für den Export nach Frankreich produziert.

148 Eine andere *Mirette* in weißem Kleid mit Lochstickerei.

Seriennummern 10735 / 10790

«Adlon»

149

150

Adlon zeigt ein Charaktergesicht, das zu den wohl beliebtesten der damaligen Zeit gehörte, denn es gab kaum eine bedeutende Porzellanfabrik, die diesen Typ nicht hergestellt hat (z.B. die 115 von Kämmer & Reinhardt, die Fany von Armand Marseille, die Puppe I von Käthe Kruse).

149 Halsmarke: 10735 Heubach-Quadrat Germany (grüner Stempel) 53 Adlon (eingeprägt) · Kurbelkopf mit Perücke · Glas-Schlafaugen · geschlossener Mund · Composition-Körper mit 10 Gelenken · 40 cm groß · ca. 1922.

150 Halsmarke: 10790 Heubach-Quadrat · *Googly* · Kurbelkopf · alte Mohair-Perücke · Glasschielaugen · 40 cm groß · ca. 1925 · alte Kleidung.

Puppe ohne Seriennummer

151

152

151 Halsmarke: Heubach-Sonne · Kurbelkopf ·
gemalte Haare · Intaglio-Augen · geschlossener
Mund · Composition-Babykörper · 17 cm groß ·
ca. 1915.

152 Puppe in besonders schöner alter
Kleidung mit Handstickerei, bestehend aus
Taufkleid, Haube und Pelerine.

Puppe ohne Seriennummer

153

154

Auf diesen beiden Seiten werden zwei sehr schöne und außergewöhnliche Puppen vorgestellt, die so selten sind, daß wir bis jetzt keine gleichen Puppen ermitteln konnten, um die Seriennummern ausfindig zu machen. Der Kopf der Puppe (Bild-Nr. 153) weist eine gewisse Ähnlichkeit mit dem Figurinenkopf des krabbelndes Kindes (Bild-Nr. 192) auf, auch die Grübchen in den Wangen stimmen überein.

153 Halsmarke: Heubach-Sonne (grüner Stempel) 58 · Kurbelkopf · alte blonde Zopfperücke · Intaglio-Augen · geschlossener Mund · Grübchen in den Wangen · Composition-Körper mit 10 Gelenken · 42 cm groß · ca. 1915.

154 Ganzaufnahme der Puppe Bild-Nr. 153 in kindlicher Pose.

Puppe ohne Seriennummer

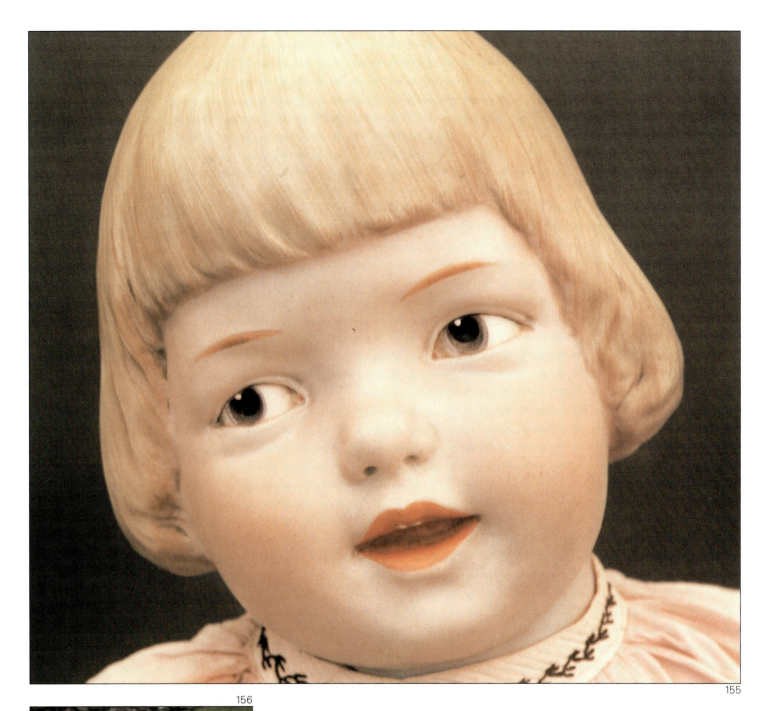

155

156

155 Halsmarke: 13 Heubach-Quadrat Germany · Kurbelkopf · modellierte Pagenfrisur · Intaglio-Augen · offen-geschlossener Mund mit 2 anmodellierten Zähnchen oben · Composition-Babykörper mit 4 Gelenken · 60 cm groß.

156 Puppe, Bild-Nr. 155, mit Häschen auf der blühenden Wiese.

Die Heubach-Jumeau - ein seltenes Puppenkind

Der Betrachter eines Buches über Heubach-Puppen wird mit Recht erstaunt sein, ein Foto einer Jumeau-Puppe darin zu finden – und dennoch, die hier abgebildete Puppe gehört unbedingt hinein, denn ihr Kopf ist zweifelsfrei von Heubach gemacht. Was manchen Sammler an eine Fälschung denken läßt, nämlich das rosa durchgefärbte Porzellan dieser Puppe, ist in Wahrheit ein Attribut für besondere Seltenheit: Es handelt sich um einen Jumeau-Kopf, der zu Zeiten der S.F.B.J. (Societé Française de Fabrication de Bébés et Jouets) von Gebr. Heubach für eben diese hergestellt wurde.

Daß es sich um einen Kopf der S.F.B.J.-Zeit handelt, wird durch die eingedrückte Zahl 1907 am Hals der Puppe deutlich, daß aber Heubach der Hersteller war, beweisen außer dem rosa Porzellan auch die im typischen Heubach-Stil gemalten Augenbrauen und ein grüner Nummernstempel, der am Hals zu finden ist. Während eine S.F.B.J.-Jumeau eine recht häufig zu findende Puppe ist, handelt es sich bei diesem Exemplar um eine ziemlich seltene Puppe, denn sie wurde offensichtlich nicht in großen Stückzahlen produziert. Ob der Auftrag an Heubach erteilt wurde, weil dieser billiger produzieren konnte oder weil es einen Engpaß in der eigenen Produktion gab, können wir heute nicht mehr feststellen, aber wir sollten auch nicht vergessen, daß ein Deutscher, nämlich Salomon Fleischmann, damals Direktor der S.F.B.J. war und daß während dieser Zeit die Zusammenarbeit mit deutschen Herstellern recht eng war, nicht zuletzt aus Gründen der Kostenersparnis. Auch viele Köpfe von Simon & Halbig auf französischen Körpern (sog. DEP-Jumeau) untermauern diese Tatsache.

Die Jumeau von Heubach zeichnet sich durch eine feine Bemalung aus, wobei sie besonders durch die helleren und weniger schweren Augenbrauen im Heubach-Stil sanfter wirkt als ihre Original-Schwester. Die Augen und die Zähne dieser Puppe wurden allerdings in Frankreich eingesetzt und sind typisch französisch.

157 Die sogenannte Heubach-Jumeau in weißem Kleid.

Die «Heubach-Jumeau»

158 Porträt der Heubach-Jumeau · Halsmarke: 1907 und grüner Stempel · Kurbelkopf aus rosa durchgefärbtem Biskuit-Porzellan · gestrichelte Augenbrauen · blaue Paperweight-Augen · offener Mund mit 7 Zähnchen oben · französischer Composition-Körper mit 10 Gelenken · 60 cm groß · ca. 1910.

Seriennummern 8192-8420

Kleinpuppen

159

160

Zu den Kleinpuppen zählen wir in diesem Buch die beweglichen Ganzbiskuit-Püppchen sowie kleine Puppen, wenn sie gemalte Schuhe und Strümpfe haben.

159 Halsmarke: 8192 Germany · Kurbelkopf mit Perücke · Glasaugen · offener Mund mit Zähnchen · Composition-Körper mit 4 Gelenken · 28 cm groß · ca. 1918.

160 Halsmarke: 8420 Heubach-Quadrat · Kurbelkopf mit Perücke · Glas-Schlafaugen · geschlossener Mund · Composition-Körper mit 4 Gelenken · 19 cm groß · ca. 1920.

161 Vier Püppchen im Kaufmannsladen (von links nach rechts):
Mädchen · Halsmarke: 9081 Heubach-Sonne 5/0 D · Intaglio-Augen · Composition-Körper · 18 cm groß.
Junge · Halsmarke: Heubach-Quadrat 5/0 D Germany · Kurbelkopf · Intaglio-Augen · geschlossener Mund · Composition-Körper · 20 cm groß.
Drittes Püppchen ohne Markierung · ganz aus Biskuit · nur die Arme beweglich · 20 cm groß.

Viertes Püppchen von Ernst Heubach, Köppelsdorf · Halsmarke: 262 14/0 Germany · Kurbelkopf · Composition-Körper, 18 cm groß · alle ca. 1920 hergestellt.

162 Porträt der ersten Puppe von links im Bild-Nr. 161.

163 Porträt der zweiten Puppe von links im Bild-Nr. 161.

Seriennummer 9081

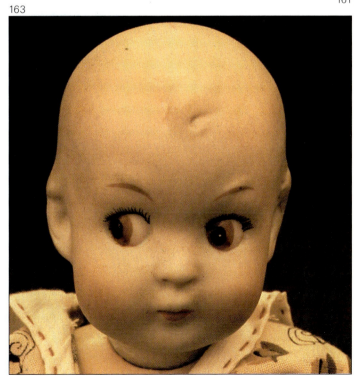

Seriennummer 9141

Der «Zwinker» oder «Winker»

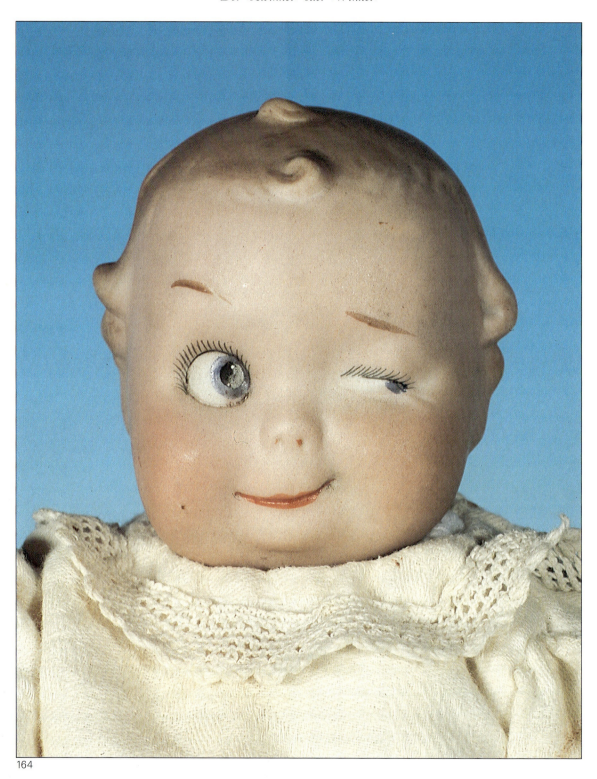

164

164 Der *Zwinker* in Amerika *Winker* · Halsmarke: 9141 Heubach-Quadrat Germany · Googly · Kurbelkopf · ein offenes Intaglio-Auge, das zweite zugekniffen · geschlossener Melonenmund · Composition-Körper · 22 cm groß · ca. 1920.

Seriennummern 9573-9594

165

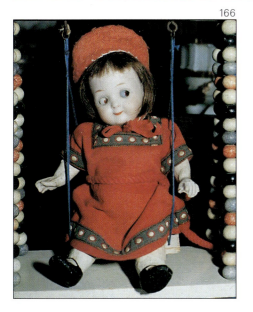

166

167

165 Zwei an einem Stühlchen stehende Googlys.
Linke Puppe Halsmarke: 9573 Germany Heubach-Quadrat · Kurbelkopf mit Perücke · Glasaugen · geschlossener Melonenmund · Composition-Körper · 17 cm groß · ca. 1920.
Rechte Puppe Halsmarke: 9594 · Kurbelkopf · modellierte Haare · Intaglio-Augen · Composition-Körper · 18 cm groß · ca. 1920.

166 Halsmarke: 9573 Germany Heubach-Quadrat 8 · Googly · Kurbelkopf · Glasaugen · Melonenmund · Pappmachee-Körper · gemalte Schuhe und Strümpfe · 17 cm groß · ca. 1920.

167 Halsmarke: 9573 6/0 Heubach-Quadrat · Googly · Kurbelkopf · Mohair-Perücke · blaue Schlafaugen · Melonenmund · Composition-Körper mit 4 Gelenken · 19 cm groß · ca. 1920 · altes blaues Kleidchen.

Seriennummern 10490 / 10499

168

169

170

168 Seriennummer 10499 zugeordnet · keine Markierung · Ganzbiskuitpüppchen · Kopf und Körper bestehen aus einem Stück, Arme und Beine beweglich · geschlossener Mund · Intaglio-Augen · rotbraunes modelliertes Haarband · modellierte Schuhe und Strümpfe · 21 cm groß · ca. 1925.

169 Markierung: 10490 3 · Ganzbiskuit-Püppchen · Kopf und Körper in einem Stück · Arme und Beine beweglich · modellierte Haare mit 3 hellblauen modellierten Schleifen · Intaglio-Augen · offen-geschlossener Mund · modellierte Schuhe und Strümpfe · 18 cm groß · ca. 1925.

170 Markierung: 10499 · Kopf und Körper in einem Stück, Arme und Beine beweglich · sonst wie Bild-Nr. 168.

Kleinpuppen ohne Seriennummer

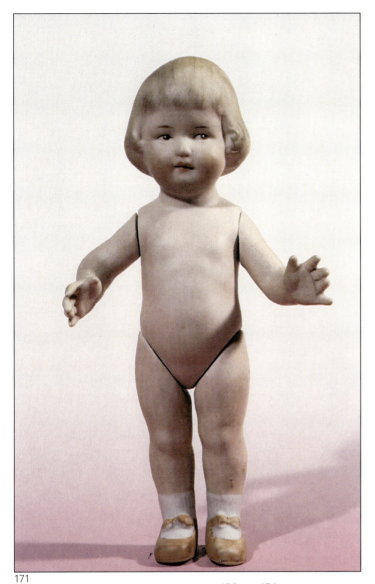

171

172

173

174

171 Ganzbiskuit-Püppchen · unter dem Schuh steht eine 3 · Kopf und Körper in einem Stück · Arme und Beine beweglich · Intaglio-Augen · geschlossener Mund · 22 cm groß · ca. 1925.

172 Ganzbiskuit-Püppchen ohne Markierung (da die firmentypische Merkmale darauf hinweisen, wird es den Gebr. Heubach zugeordnet) · Kopf und Körper in einem Stück · Arme und Beine beweglich · Intaglio-Augen · geschlossener Mund · 14 cm groß · ca. 1920.

173 Ganzbiskuit-Püppchen · ungemarkt · nur die Ärmchen beweglich · modellierte Haare mit rotem Band · Intaglio-Augen · geschlossener Mund · 12 cm groß · ca. 1925.

174 Halsmarke: Heubach-Quadrat · Kurbelkopf · modellierte Haare mit Dutt · Intaglio-Augen · Composition-Körper mit 4 Gelenken · 20 cm groß · ca. 1920.

Seriennummer 12386

«Bonnie Babe»

175

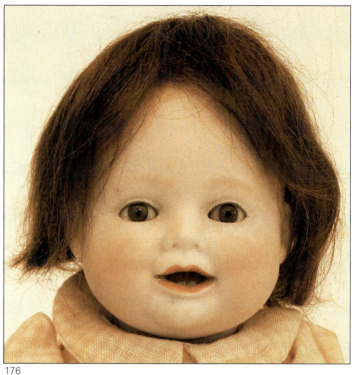

176

177

Die größeren Köpfe der Bonnie Babes sollen von der Firma Alt, Beck & Gottschalck produziert worden sein, während die kleinen Ausführungen von den Gebr. Heubach kommen sollen. Der Entwurf für diesen Puppenkopf stammt von Georgene Averill.

175 *Bonnie Babe* mit Giraffe, Pinguin und Affe.

176 Seriennummer 12386 zugeordnet · *Bonnie Babe*. · Markierung: Germany · Kurbelkopf mit Perücke · Glasaugen · offengeschlossener Mund mit 2 Zähnchen unten · Composition-Körper · 20 cm groß · ca. 1925.

177 Vier ungemarkte Kleinpuppen, die aufgrund ihrer firmentypischen Merkmale Gebr. Heubach zugeschrieben werden, im Verein mit Plüschtieren.

Puppenköpfe für Fabrikanten, die mechanisches Spielzeug herstellten

Automaten- und Halbautomatenpuppen

178

179

180

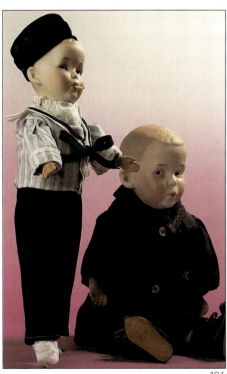

181

182

183

178 Halsmarke: grüner Stempel Heubach-Sonne Germany · Laufpuppe · Kurbelkopf · modellierte Haare · Intaglio-Augen · geschlossener Mund · Originalkörper aus Pappe und Holz mit primitivem Uhrwerk · 22 cm groß.

179 Puppen auf der Schaukel mit Musikbox.

180 Automatenpuppe. Wird die Kurbel gedreht, schlägt sie die Hände mit den Schellen zusammen; aus der darunter befindlichen Spieldose erklingt Musik.

181 Zu den automatischen Puppen gehören auch der *Pfeifer* und der *Zigarettenraucher* (Beschreibungen Bild-Nr. 130 bis 134).

182 Zwei Automatenpuppen mit Körpern aus Composition · Arme und Köpfe mit Drähten an einem Mechanismus befestigt · Originalkleidung · 38 cm hoch und 32 cm breit · ca. 1910. Durch Drehen der Kurbel neigen die Puppen ihre Köpfchen zueinander, dabei ertönt Musik.

183 Mechanische Zwillinge. Drückt man die Daumen auf das Tragkissen, so ertönt Musik, und die Köpfchen drehen sich zur Seite.

Halbpuppen / Teepuppen

Wo sind die Halbpuppen der Gebr. Heubach?

Obige Frage stellte sich, als wir nach den Halbpuppen, auch Tee- und Nadelkissenpuppen genannt, der Gebr. Heubach suchten. Es war doch unwahrscheinlich, daß eine Porzellanfabrik, die sich auf die Herstellung von Puppenköpfen und -teilen sowie Nippes geradezu spezialisiert hatte, auf diese – damals gerade in Mode gekommenen – reizenden Halbpüppchen verzichtet haben sollte.

Wir forschten in verschiedenen Quellen, fanden jedoch nur äußerst spärliche Hinweise, bis wir auf die Tatsache stießen, daß die Gebr. Heubach um 1920 Teepuppen inseriert hatten. Damit fanden wir unsere Vermutung bestätigt, daß die Firma Gebr. Heubach auch Halbpuppen produzierte. Diese Halbpuppen wurden in der Regel aber nicht mit dem Firmenzeichen markiert; denn sonst wären sie nicht so lange unerkannt geblieben.

Aber wo sind sie heute? Es besteht die Möglichkeit, daß sie direkt vor unseren Augen in der großen Schar der ungemarkten oder nur mit einer Nummer markierten Halbpuppen verborgen sind. Wir wissen ja, daß die Gebr. Heubach viele Puppenköpfe gar nicht markierten oder nur mit Nummern versehen haben. Eine Nummer alleine, selbst wenn sie in das Heubachsche Nummernsystem paßt, kann allerdings noch nicht als Beweis für die Herkunft aus der Firma Gebr. Heubach gelten. Auch andere Firmen haben mit vier- bis fünfstelligen Nummern markiert, wie beispielsweise die Firma Carl Schneider, die außerdem sogar mit ähnlich aussehenden Initialen *GH* signiert hat. Es müssen schon mehrere Beweismittel zusammenkommen, bevor die Herkunft aus der Firma Gebr. Heubach weitgehend als gesichert gelten kann.

Eine Umfrage unter Sammlern brachte ein positives Ergebnis. Fast jeder Sammler ist der Ansicht, in seiner Sammlung eine oder mehrere Halbpuppen der Gebr. Heubach zu besitzen, und begründet seine Meinung damit, daß die Halbpuppen Intaglio-Augen und den Spielpuppen der Gebr. Heubach ähnliche Gesichter hätten. Beim Besichtigen vieler Sammlungen konnten wir diese Meinung nur bestätigen. Ganz besonders fiel uns eine Teepuppe (Abb. 188) auf, die große Ähnlichkeit mit dem Mädchen mit der Schneckenfrisur (Abb. 78) hat. So viel Ähnlichkeit konnte kein Zufall sein, zumal auch die anderen firmentypischen Merkmale wie Intaglio-Augen, Malweise der Zähnchen, Augenbrauen und der Haare eindeutig auf die Gebr. Heubach hinweisen. Die eingeprägte Seriennummer 10418 ist eine zusätzliche Bestätigung, denn sie paßt genau in das Heubach-Nummernsystem.

Weiterhin fanden wir eine ganze Serie reizender Nadelkissenhalbpuppen, die ebenfalls eindeutig auf die Porzellanfabrik Gebr. Heubach hindeuten. Auch sie haben Intaglio-Augen sowie Ähnlichkeit mit den Spielpuppen-Köpfen der Gebr. Heubach. So gleicht beispielsweise das Gesicht in Abb. 187 besonders dem Gesicht der *Coquette*.

In Abb. 189 stellen wir außerdem eine besonders seltene Nadelkissenpuppe vor. Diese ist ungemarkt, doch wurde eine gleiche gefunden, die unter der Standfläche mit der Gebr.-Heubach-Sonne markiert ist, so daß ihre Herkunft von den Gebr. Heubach als gesichert gilt.

Abschließend folgen noch einmal die Bestimmungsmerkmale, die bei Halbpuppen auf die Herkunft aus der Firma Gebr. Heubach hinweisen: Intaglio-Augen, firmentypische Bemalung, Markierung mit einer vier oder fünfstelligen Nummer (die in das Nummern-System der Gebr. Heubach paßt) sowie Ähnlichkeit mit den Spielpuppenköpfen.

184

184 Zwei Nadelkissen-Halbpuppen aus Biskuit · ohne Markierung · Intaglio-Augen · Ähnlichkeit mit den Spielpuppen · firmentypische Bemalung · 6 und 5 cm groß · ca. 1925.

185 Nadelkissen-Halbpuppen aus Biskuit · ohne Markierung · alle mit Intaglio-Augen · Ähnlichkeit mit den Spielpuppen · firmentypische Bemalung · 6 1/2 und 5 cm groß · ca. 1925.

Gruppe Halbpuppen

Teepuppen

185

Seriennummer 10418

186

187

188

186 Nadelkissen-Halbpuppe aus Biskuit · ohne Markierung · Intaglio-Augen · firmentypische Bemalung · Ähnlichkeit mit den Spielpuppenköpfen · 6 cm groß · ca. 1925.

187 Nadelkissen-Halbpuppe · ohne Markierung · aus Biskuit · Intaglio-Augen · Ähnlichkeit mit Coquette Bild-Nr. 77 · 6 cm groß · ca. 1925.

188 Teepuppe aus glasiertem Porzellan · Markierung rückseitig am Sockel: 10418,3 · Ähnlichkeit mit dem Mädchen Bild-Nr. 79 · Intaglio-Augen · firmentypische Bemalung · 16 1/2 cm groß · ca. 1922 · Sockel mit 4 Löchern zum Annähen.

189 Nadelkissen-Halbpuppe mit modellierten Beinen aus glasiertem Porzellan · ohne Markierung, jedoch wurde eine gleiche gefunden, die unter ihrer Standfläche mit der Heubach-Sonne markiert ist · Größe 18 cm · ca. 1925.

Nadelkissenpuppe

189

Die volkstümliche Kunst der Heubach-Porzellanfiguren - ein Balanceakt zwischen Kitsch und Kunst

Der Liebhaberkreis für die ausdrucksstarken Heubach-Puppen nimmt weltweit zu, und bei der Suche nach diesen Puppen stößt man mit Sicherheit irgendwann auf die lustigen Porzellanfiguren dieser Firma, die von vielen Sammlern auch Figurinen genannt werden. Eine Vielfalt verschiedenster Darstellungen ist darunter zu finden, wie beispielsweise die beliebten *Pianobabys* oder die lustigen Badekinder. Auch Osterhasenkinder und Schneekinder gehören zu dieser Gruppe oder die niedlichen *Aktion*- oder *Position*-Figürchen und nicht zuletzt eine große Anzahl von Kinderfiguren oder ganzen Figurengruppen. Im Realismus und in der Vielfalt der kindlichen Ausdrucksmöglichkeiten sind diese Figuren unübertroffen, kindlicher Charme, Frechheit oder Verschmitztheit sind in handwerklicher und künstlerischer Form vollendet dargestellt.

Alle diese Figuren haben eines gemeinsam: Sie sind zumeist in einem Stück gegossen, also ungegliedert, und waren nicht als Spielzeug gedacht, sondern als Zierde für das Heim. Sie standen auf Kommoden und Anrichten, in Vitrinen, auf Kaminsimsen und nicht zuletzt auf dem Klavier, daher auch der Name *Pianobabys*. Natürlich konnte mit ihnen auch gespielt werden, manche verführten geradezu dazu, aber insgesamt gehören sie nicht zum Spielzeug, sondern werden eher dem Sammelbegriff Nippes oder Zierporzellan zugeordnet. Die Nachfrage nach diesen zauberhaften Figuren wächst ständig, gerade unter Puppensammlern, doch ist die Suche nach ihnen oft mühsam, denn sie tauchen verhältnismäßig selten auf. Um so mehr freuen wir uns, daß wir im vorliegenden Buch eine große Zahl dieser liebenswerten Heubach-Figuren vorstellen können. Es sind bekannte Gesichter darunter, aber auch viele unbekannte Figuren, die, wie immer in Farbe, für sich selbst sprechen.

Die Porzellanfiguren von Heubach haben einen großen Liebhaberkreis, wir wollen aber auch nicht verschweigen, daß manche Sammler diese Figuren als kitschig ablehnen. Kitsch ist ein schwer zu definierender Begriff, der oft leichtfertig verwendet wird, um etwas abzulehnen, das einem geschmacklich mißfällt. Doch selbst in der Kunst gibt es Werke mit kitschiger Tendenz, und auch Fachleute sind sich oft nicht einig in ihrer Wertung.

Betrachten wir daraufhin unsere Heubach-Figuren, von denen viele auch mit dem Sammelbegriff Nippes bezeichnet werden, und befragen wir dazu die objektive Erklärung eines Lexikons, dann finden wir z. B. im *Brockhaus:* «Nippes, Mz., Nippsachen, Gegenstand der Kleinkunst, bes. Figürchen aus Porzellan». Mit Kleinkunst ist hier Kunst des Alltags oder volkstümlich «Kunst des kleinen Mannes» gemeint. Unter diesem Aspekt sollten wir diese Figuren bewerten, die gar nicht für das Museum gemacht waren, sondern nur zum Schmuck und zur Freude dienten, und die, besonders bei Heubach, die Leute zum Schmunzeln brachten. Dabei können wir mit gutem Gewissen sagen, daß gerade die Firma Gebr. Heubach Porzellanfiguren von großer kunsthandwerklicher Fertigkeit gemacht hat. Besonders die Kinderfiguren sind gelungene Porträts, viele darunter sind künstlerisch hochwertig und treffsicher und originell im Ausdruck. Eine Auswahl dieser Kinderfiguren haben wir abgebildet, und wir wollen es dem Urteilsvermögen des Betrachters überlassen, ob er diese Figuren nun dem Kitsch oder der Kunst zuordnen möchte oder ob er sich nicht lieber, ganz ohne zu urteilen, an diesen unschuldigen Kinderporträts erfreuen möchte.

190

Figurinen ohne Seriennummer

Tanzgruppe

191

190 Kopfporträt der großen Tänzerin im Bild-Nr. 191 · ausgeprägt modellierte Haare.

191 Tanzende Gruppe in graziöser Bewegung · vollendet modelliert und arrangiert · Figur im Hintergrund 29 cm hoch, linke und rechte jeweils 22 cm, mittlere im Vordergrnd 19 cm hoch. Alle Figuren sind mit der Heubach-Sonne markiert (eingeprägt).

Figurinen

«Pianobabys»

192

192 Zwei Pianobabys in der Wiese: das Krabbelnde 18 cm lang, 12 cm hoch, das Sitzende 14 cm hoch · Markierung: Heubach-Sonne, Nr. 3101.

Figurinen

Blumenkinder

193

193 Zwei Blumenkinder: Das eine Mädchen mit rotem Hut 14 cm hoch, geschlossener Mund, das andere mit blauem Hut 20 cm hoch · beide mit der Heubach-Sonne markiert, das Blumenkind mit blauem Hut zusätzlich mit der Nr. 3143/3 und einem Stempel mit der Nr. 46.

Figurinen

Holländerpärchen

194

195

196

194 Sich küssendes Holländerpärchen ·
22 cm groß · ungemarkt.
Rücken an Rücken stehendes Pärchen · 11 cm
groß · ungemarkt.
Sitzender Junge daneben · 8 cm groß · mit
Heubach-Sonne markiert, roter Stempel 137,
geprägt 3048.
Sitzender Junge rechts · 12 cm groß · mit
Heubach-Sonne markiert.
Mädchen, 12 cm groß · Heubach-Sonne.

195 Mädchen mit Eierschalen.
In der Mitte mit vier Eierschalen 21 cm hoch ·
markiert mit Heubach-Sonne und Stempel
3467-3.
Rechts stehend mit einer Eierschale · 14 cm
hoch · markiert mit Heubach-Sonne und
Stempel 3466.
Links sitzend mit zwei Eiern (Vase) · Nr. 27 ·
markiert mit Heubach-Sonne.

196 Drei Holländer-Kinder mit Körben; alle mit
Heubach-Sonne markiert.

Sitzender Junge · 21 cm hoch · rote Nr. 31.
Junge mit Körben · rote Nr. 46 und Stempel
3979.
Mädchen mit Körben · Stempel 3989.

Figurinen

«Pianobaby»

197

197 Pianobaby: Junge in übergroßem Schuh · 30 cm lang, ebenso hoch und an der Schuhspitze mit der Heubach-Sonne gemarkt.

Nächste Seite:
198 Pianobaby: Sitzende Kinderfigur mit modellierter Badehaube · über den Knien verschränkte Händchen · 18 cm hoch · Heubach-Sonne Nr. 4859/4.

199 Auf dem Boden sitzendes Kind · 19 cm hoch · Heubach-Sonne unter der Sitzfläche · Stempel 6 $^1/_2$ unter dem Fuß.

4859: Figurinen

198

199

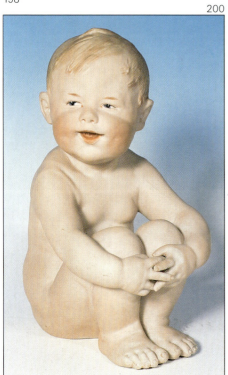
200

201

200 Pianobaby: 19 cm hoch · Heubach-Sonne, Stempel 6, Nr. 21 unter dem Fuß.

201 Pianobabys verschiedener Größen: 26 cm (ungemarkt), 19 cm (Heubach-Sonne, 2½), 12 cm (auf Unterseite fünfeckiger roter Stempel Dep.) und 10 cm (Heubach-Sonne).

202 Zwei Mädchen auf Schlitten mit Korb als Vasenteil · 20 cm hoch, 17 cm lang · Nr. 6102.

203 Schlittenfahrender Junge mit Vasenteil · 20 cm lang, 14 cm hoch · gemarkt: Heubach-Sonne, Nr. 6104.

6102-10063: Figurinen

204 Schneekinder auf Schlitten · 12 cm lang, 8 cm hoch · ungemarkt · vermutlich Heubach · ebenso einzelnes Schneekind, 5 cm hoch.

205 Knabenbüste auf Holzscheit · 20 cm breit, 22 cm hoch · gemarkt außen mit Heubach-Sonne 4 ½, zwei blaue runde Stempel Heubach-Sonne, innen Made in Germany.

206 Mädchenbüste *Little Bit* auf Holzscheit gestützt · 17 cm hoch · Nr. 8010 sowie 000572.

207 Nacktes Baby mit Ei (Vase) · 12 cm groß · Nr. 9908 · Heubach-Quadrat.

208 Drei Aktion-Babys mit Vase · mittlere Figur 10 cm hoch · Nr. 9985 · Heubach-Quadrat.

121

10201 / 10219: Figurinen

«Aktion-Babys»

211

213

212

214

215

209 Junge mit Ei als Vasenteil · modellierte und bemalte Stiefelchen · 17 cm hoch · unter dem Fuß Heubach-Quadrat, ebenso unter dem Ei und Nr. 10063 sowie grüner Stempel 48.

Zweiteilige Mädchen-Ei-Figur · 13 cm hoch · Heubach-Quadrat.

210 Nacktes Mädchen in großen, modellierten und braun angemalten Schuhen · 15 cm groß · ungemarkt.

211 Zwei Aktion-Babys · 13 und 16 cm groß · gemarkt mit Heubach-Quadrat.

212 Vier Aktion-Babys · alle 9,5 cm groß · modellierte und gemalte Haare, ebenso die Schuhe · Mädchen Nr. 10201 · Jungen 10212.

10603 / 14238: Figurinen

«Pianobabys» · «Easter Bunnies»

213 Drei zornige Babies · alle 12 cm hoch · links ungemarkt · Mitte Heubach-Quadrat und Nr. 9890 · rechts Heubach-Quadrat und Nr. 9743.

214 Aktion-Baby · modellierte und gemalte Haare, ebenso die Strümpfe und Schuhe · Kleidung aus Wollfäden gewickelt; weil mehrfach so gefunden, vermutlich Original.

215 Mädchen, linke Hand am linken Auge · modellierte und bemalte Schuhe · Stoffkleidchen · 9,5 cm groß · Nr. 105 · Gießloch.

123

Figurinen

«Pianobaby»

Zu Seite 123:

216 Pianobaby «Junge auf Nachttopf sitzend» · 22 cm hoch · 10 cm breit · Stempel Heubach-Sonne, Nr. 10603.

217 *Easter Bunnies* · 5 1/2 eingraviert 10540 0 sowie 6 1/4 eingraviert 669 I und Heubach-Quadrat · Löcher für Bänder.

218 Rotkreuzjunge mit Korb (Vase) · modellierte und bemalte Schildmütze, desgleichen der Anzug und die Stiefel · 13 cm hoch · Heubach-Sonne und Dep. geprägt.

219 Zigarettenraucher, Zigarette in der linken Hand · Augenzwicker · modellierte und bemalte Kleidung · ungemarkt · 24 cm hoch.

220 Kind in modelliertem Hemdchen und großen, schwarzen, kniehohen Stiefeln · ungemarkt · 15 cm hoch.

221 Junge mit modelliertem Häubchen und Hemdchen · 25 cm lang · 15,5 cm hoch · Dep., Heubach-Sonne.

222

222 Kopf der Figurine Bild Nr. 221 · Dieser ausdrucksvolle Charakterkopf wurde sowohl für Puppen als auch für Figurinen verwendet.

223 Pianobaby · 24 cm lang · Stempel Heubach-Sonne · geprägt Nr. 3820 00.

224 Blau-gelb-gekleidete Japanerin mit Schirm · 24 cm hoch · Heubach-Sonne und Dep. geprägt.
Japanerin mit Fächer und rosa Kleidung · 25 cm hoch · Nr. 4242, Heubach-Sonne und Dep. geprägt.

225 Seifenbläser (ohne echte Funktion; für die Aufnahme wurde eine Seifenblase mit Strohhalm hingeblasen) · modellierte und bemalte Pfeife und Seifenschale, ebenso die Haare, Kleidung und Schuhe · 35 cm hoch, 18 cm breit · ungemarkt.

226 Pianobaby · 24 cm lang, 14 cm hoch · Heubach-Sonne, Nr. 3.

227 Mädchen hält Puppe in der Hand · modellierte und bemalte Haare, ebeno Kleidung und Schuhe · 15 cm hoch · Heubach-Sonne, Heubach-Quadrat.

223

Figurinen

«Pianobaby»

224

225

226

227

Figurinen ohne Seriennummer

«Erphila»

227a

228

229

230

231

232

227a Negerkind, sitzend · modellierte und bemalte Haare, ebenso das Kleidchen · 6 cm hoch · blauer Stempel Heubach-Sonne unter dem Gesäß.

228 Zwei Fußballspieler.
Der rot gekleidete 26 cm hoch · Heubach-Sonne, Dep. und Made in Germany geprägt.
Der mit blauem Pullover 15 cm hoch · Heubach-Sonne und Dep. geprägt, grüner Stempel «ERPHILA» und Germany.

229 Drei Biskuit-Porzellankinder in modellierter und bemalter Badewanne · 8, 9 und 12 cm hoch.

Figurinen anderer Hersteller

Verwechslungsgefahren

Die Figurinen auf dieser Seite, die ohne Firmennamen oder -zeichen manchmal aber mit einer Nummer markiert sind, stammen nicht von der Firma Gebr. Heubach. Es sind Erzeugnisse eines bis jetzt unbekannt gebliebenen Herstellers. Wie man sieht, sind sie denen von Heubach auf den ersten Blick sehr ähnlich, zumal auch sie Intaglio-Augen aufweisen, die allerdings stark vereinfacht sind. Dennoch ist eine akute Verwechslungsgefahr durchaus gegeben, und mancher Sammler zahlt einen überhöhten Preis für eine vermeintliche Heubach-Figurine. Zum Glück sind die Heubach-Figurinen weitgehend mit der Heubach-Sonne oder mit dem Heubach-Quadrat markiert, aber hier wie dort sind auch eine Menge Exemplare zu finden, die gar keine Markierung oder nur eine vier- bis fünfstellige Nummer aufweisen. Diese allein kann allerdings nicht als Beweis für die Echtheit einer Heubach-Figurine gewertet werden, selbst dann nicht, wenn sie in das Heubachsche Nummernsystem paßt, welches sich – soweit bekannt – zwischen 3000 und 13000 bewegt. Der Sammler, der sicher gehen will, sollte sich einige der in diesem Buch aufgezeigten firmentypischen Merkmale einprägen. Grundsätzlich ist zu sagen, daß die Figurinen der Gebr. Heubach qualitativ besser im Porzellan, künstlerischer und detailreicher in der Modellierung und wesentlich feiner in der Bemalung sind. Außerdem zeichnen sie sich durch eine warme, lebensecht wirkende Hautfarbe aus, die sich von der oft steingrauen Hautfarbe der anderen Figurinen vorteilhaft abhebt.

231 Jungenkopf mit turbanähnlicher Mütze · Rückseite als Streichholzreibfläche ausgearbeitet · 10 cm hoch · roter Stempel Heubach-Sonne und Schutzmarke, ebenso Made in Germany.

232 Kind im Eisbärfell · 7 cm hoch, 9 cm lang.

233 Drei Figurinen · von links nach rechts: 19, 26 und 21,5 cm hoch · ohne Markierung.

234 Zwei Kinderfiguren, die ebenfalls nicht aus dem Hause Gebr. Heubach kommen · ohne Markierung · beide je 28 cm groß.

· jeweils mit geprägter Heubach-Sonne und Dep.

230 Porzellandeckelschale in Form eines Wäschekorbs, aus dem vier Kinder herausschauen · 9 cm hoch, 10 cm breit, 6 cm tief · Deckel rückseitig gemarkt mit Heubach-Sonne.

Die Firmengeschichte von Ernst Heubach, Köppelsdorf

Ernst Heubach gründete 1887 eine Porzellanfabrik in Köppelsdorf, nahe bei Sonneberg. Sehr wahrscheinlich war auch er mit der großen Unternehmerfamilie der Heubachs verwandt; die enge Verbindung dieser Familie mit der Thüringer Porzellanindustrie läßt diesen Schluß zu. Zunächst wurden in dieser neuen Firma nur Puppenköpfe und Badepuppen hergestellt, aber mit der zunehmenden Elektrifizierung der Städte und Dörfer war Elektroporzellan ein gefragter Artikel, den auch Ernst Heubach ab 1891 in seine Produktion aufnahm. Ernst Heubach war ein ehrgeiziger Unternehmer, der seine Fabrik und das Sortiment laufend erweiterte. 1913 beschäftigte er 250 Arbeiter und besaß fünf Brennöfen. Ein Hauptzweig des Unternehmens, das sich seit 1893 «Ernst Heubach, Köppelsdorfer Porzellanfabrik» nannte, war aber nach wie vor die Herstellung von Puppenköpfen. Frühe signierte Köpfe tragen ein Hufeisen als Fabrikmarke und sind mit den Jahreszahlen ihres Entstehens gezeichnet (1900, 1901 usw.). Erst mit dem Hinzukommen neuer Kopfmodelle erhielten seine Puppenköpfe fortlaufende Seriennummern.

Ernst Heubach hatte zwei Söhne, Hans und Ernst, von denen Hans im Ersten Weltkrieg fiel, so daß Ernst Heubach jun. ab 1915 die Leitung der Firma übernahm. Im gleichen Jahr heiratete er die Tochter von Armand Marseille, Beatrix. Auch auf geschäftlicher Ebene wurde ein Zusammenschluß der beiden Familien vollzogen, denn 1919 vereinigten sich die Firmen von Ernst Heubach und Armand Marseille zur «Vereinigten Köppelsdorfer Porzellanfabrik – vormals Armand Marseille und Ernst Heubach, Köppelsdorf». Dieser Zusammenschluß erfolgte eher aus wirtschaftlichen Erwägungen, denn die Firmenproduktionen blieben weiterhin getrennt. Ernst Heubach stellte neben Puppenköpfen auch Elektro- und Industrieporzellan her, während Hermann Marseille, der seit 1917 den väterlichen Betrieb leitete, ausschließlich Puppenköpfe produzierte. Die beiden Geschäftspartner verstanden sich nicht allzu lange, denn bereits 1932 trennten sie sich wieder und führten ihre Firmen allein weiter. Ernst Heubach behielt jedoch den Namen des gemeinsamen Unternehmens bei.

Seriennummern und Signierungen bei Ernst Heubach, Köppelsdorf

Frühe Puppen von Ernst Heubach sind mit den Jahreszahlen ihres Entstehens gezeichnet, z.B. 1900, 1901, 1902, 1909, und mit einem Hufeisen. Bei diesen Köpfen handelt es sich immer um denselben Kopftyp, die Jahreszahlen sind also nicht als Seriennummern anzusehen. Zusätzlich findet man häufig die Abkürzung E.H. oder E.H.K. .

Zwei spätere Köpfe, die häufig zu finden sind und jetzt eine Seriennummer tragen, sind die Nummern 250 und 275. Dabei handelt es sich um ein herkömmliches Puppengesicht mit offenem Mund und Schlafaugen, wobei die 275 ein Brustblattkopf ist und die 250 ein Kurbelkopf.

Heubach · Köppelsdorf
250 · 15/0
Germany

Etwa um 1914/15 wurde eine Serie von lustigen Charakterköpfen aufgelegt, alle als Schulterköpfe mit modelliertem Haar, die leider äußerst selten sind. Einige davon sind sehr komisch, mit herausgestreckter Zunge oder sogar einer Biene auf der Nase! Einige Nummern dieser als Geschmacksmuster (DRGM) angemeldeten Köpfe sind 262, 264, 269, 271, 276, 282.

271 14/0
E·H· Germany
DRGM

Häufig zu finden ist eine Reihe ähnlicher Baby- und Kleinkindköpfe, die alle aus der Zeit nach der Fusion mit Armand Marseille stammen dürften, also nach 1919. Ihre Seriennummern lauten 300, 320, 342, aber auch die Nummern 317, 321, 341 und 345 sehen ähnlich aus. Allen sind der offene Mund und die Schlafaugen gemeinsam, manchmal besitzen sie auch eine bewegliche Zunge, Schelmenaugen, sogar durchstochene Nasenlöcher. Es sind auch braun bemalte Exemplare unter ihnen zu finden, die jedoch nicht mit den negroiden Köpfen der sog. *Südsee-Babys* verwechselt werden sollten. Meist sind diese Köpfe auf Babykörper montiert, aber auch Toddlerkörper sind möglich.

Heubach · Köppelsdorf
321 · 9/0
Germany

Auch vom Typ des neugeborenen Babys hat Ernst Heubach einige Versionen herausgebracht, so die Seriennummer 349, die mit dem kleinen, spitzen Mündchen besonders niedlich ausfällt. Diese Puppe mit Einbindekopf sitzt meist auf einem Stoffkörper, die Hände sind aus Zelluloid oder Composition gefertigt. Weitere Nummern dieser Babypuppe sind 338, 339, 340 und 350. Auch orientalische und dunkelhäutige Ausführungen existieren, alle sind sie aber ziemlich selten.

Heubach · Köppelsdorf
339 · 3/0
Germany

Besonders erfolgreich war Heubach (Köppelsdorf) mit den sog. *Südsee-Babys (South Sea Baby)*, deren bekannteste und häufigste Nummer die 399 ist, ein

Rundkopf-Negerbaby mit wirklich negroiden Gesichtszügen (Abb. 246). Dieses Baby hat eine breite Nase und dicke Lippen und war im Originalzustand mit einem Baströckchen und großen Ohrringen ausgestattet. Da diese Puppe so erfolgreich war, gab es bald noch weitere abgewandelte Versionen davon, wie beispielsweise die Seriennummer 414 mit offenem Mund und Zähnchen, die 418, 448, 451 und andere. Besonders beeindruckend ist die seltene Nummer 463 (Abb. 253), die mit breitem Mund lacht und dabei eine Reihe weißer Zähne entblößt. Ein großer Ring durch die Nase, falls noch vorhanden, macht diese Puppe fast zur Karikatur. Ebenfalls selten ist die Nummer 445 mit zwei Gesichtshälften, einer lachenden schwarzen und einer weinenden weißen. Ein etwas abgewandelter Kopf, der jedoch auch noch zu dieser Reihe gehört, ist die Nummer 452 mit hellbrauner Hautfarbe, offenem Mund und Ohrringen, die als Zigeuner bezeichnet wird.

Heubach-Köppelsdorf
463 · 14/0
Germany

Heubach · Köppelsdorf
452 · 16/0
Germany

Ernst Heubach war Zulieferer von Puppenköpfen für viele Puppenfabrikanten im In- und Ausland, so für A. Wislizenus, Gebr. Ohlhaver, Cuno & Otto Dressel, Seyfarth & Reinhardt und A. Luge & Co.

Heubach · Köppelsdorf
Jutta-Baby
Dressel
Germany
1922
9

Folgende Seriennummern sind Ernst Heubach, Köppelsdorf, zugeschrieben: 219, 235, 236, 237, 238, 241, 242, 250, 251, 252, 259, 260, 261, 262, 263, 264, 266, 267, 268, 269, 271, 274, 275, 276, 280, 281, 282, 283, 284, 289, 300, 301, 302, 312, 313, 317, 320, 321, 322, 323, 334, 339, 340, 341, 342, 343, 344, 345, 348, 349, 350, 399, 400, 406, 407, 414, 418, 419, 427, 438, 439, 444, 445, 448, 450, 451, 452, 458, 459, 463, 471, 480.

Germany
EH 280/4
D.R.G.M.

Heubach-Köppelsdorf
312 (SuR) 6½
Germany.

Heubach · Köppelsdorf.
Jgodi.
Revalo · 22 · 11
Germany.

Bei der Durchsicht alter Patentschriften stieß man zunächst auf ein von Johannes Gotthilf Dietrich ab dem 25. Juli 1919 eingereichtes Patent Nr. 411629 für «Kopfgelenk, insbesondere für bekleidete Puppen»: PATENTANSPRUCH: *Kopfgelenk, insbesondere für bekleidete Puppen, deren halsloser Kopf mit einer pfannenartigen Aussparung auf einem oben kugelig abgeschlossenen Halsstumpf gelagert ist, gekennzeichnet durch eine unten im Kopf (d) befestigte, als Pfannenboden dienende gewölbte Platte (14) mit einem Schlitz (15), durch den ein am Ende mit einer Mutter (16) versehener, in der Halskugel (11) sitzender Stift (12) hindurchgreift.*

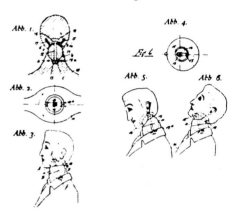

Patent Nr. 460978 an Johannes Gotthilf Dietrich für «Puppenkopfgelenk für einen halslosen Kopf mit kugeliger Unterfläche»: PATENANSPRUCH: *Puppenkopfgelenk für einen halslosen Kopf mit kugeliger Unterfläche, dadurch gekennzeichnet, daß die in der kugeligen Kopfunterfläche vorgesehene, für den Durchtritt des Verbindungsmittels (37) zwischen Kopf und Rumpf bestimmte Öffnung in einem schmalen Schlitz (36) besteht, der in seiner Länge dem Durchmesser des Pfannenrandes (35) angepaßt ist, so daß der Kopf in der Längsrichtung des Schlitzes weit ausladend geschwenkt werden kann, wobei nur der schmale Spalt (36) sichtbar wird.*

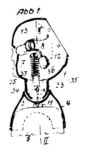
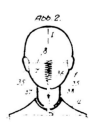

Seriennummer 250

235

236

237

235 Halsmarke: 1900 Hufeisen 0 Dep. · Kurbelkopf mit Echthaarperücke · blaue Glas-Schlafaugen · offener Mund mit 2 Zähnchen oben · Composition-Körper mit 10 Gelenken · 40 cm groß · ca. 1900 · keine Charakterpuppe.

236 Halsmarke: 1902/470 Hufeisen · Brustblattkopf · Perücke · Glas-Schlafaugen · offener Mund mit 3 Zähnchen oben · Lederkörper mit Biskuithänden · 42 cm groß · 1902 · keine Charakterpuppe.

237 Halsmarke: Heubach, Köppelsdorf 250/13/09 Gemany · Kurbelkopf · Perücke · blaue Glas-Schlafaugen · offener Mund mit 2 Zähnchen oben · Composition-Stehbabykörper · 23 cm groß · ca. 1912 · herkömmlicher Puppentyp.

Seriennummer 262

238

238 Halsmarke: E.H. 262/1 · seltener
Charaktertyp · Kurbelkopf mit modellierten und
gemalten Haaren · gemalte Augen ·
geschlossener Mund mit 2 anmodellierten
Zähnchen · Grübchen in den Wangen ·
Composition-Körper · 22 cm groß · ca. 1915.

Seriennummern 275/300

239

240

239 Halsmarke: Heubach Köppelsdorf 275 2/0 Germany · Brustblattkopf · Echthaarperücke · offener Mund mit 4 Zähnchen oben · Glas-Schlafaugen · Lederkörper · Porzellan-Unterarme und -Hände · 50 cm groß · ca. 1915 · herkömmlicher Puppentyp.

240 Halsmarke: Heubach Köppelsdorf 300 – 13/0 Germany · beide Puppen: Kurbelkopf mit Mohair-Perücke · offener Mund mit 2 Zähnchen oben · Glas-Schlafaugen · Babykörper · 22 und 21 cm groß · ca. 1918.

Seriennummer 316

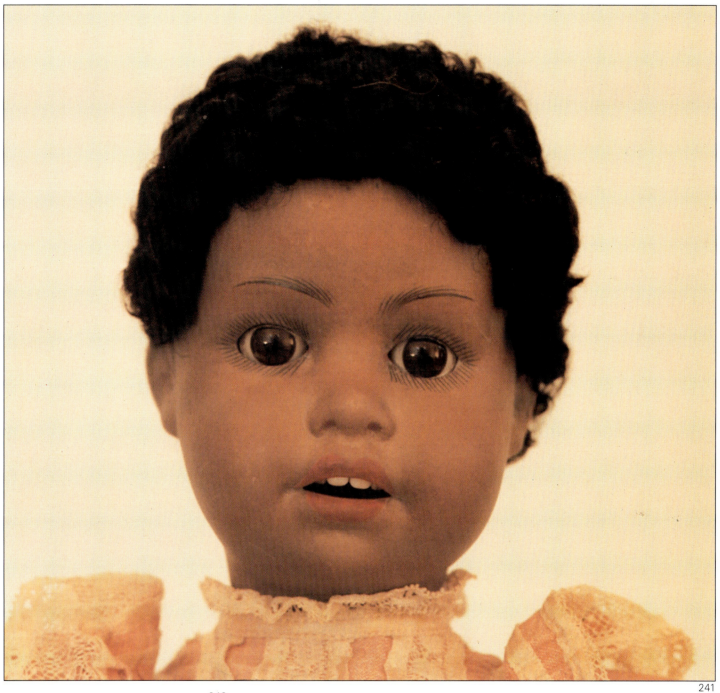

241

242

241 Halsmarke: Heubach Köppelsdorf 316 3/0 Germany · Kurbelkopf mit Perücke · schwarzes Charaktermädchen mit negroiden Zügen · Glas-Schlafaugen · offener Mund mit 4 modellierten Zähnchen · Composition-Körper · 42 cm groß · ca. 1918.

242 Ganzaufnahme der Puppe Bild-Nr. 241 mit altem Teddybär.

Seriennummern 320/339/342

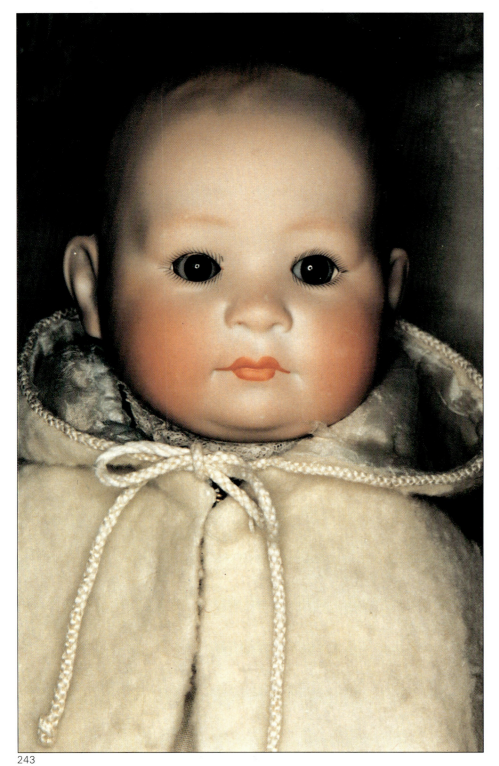

243

244

245

243 Halsmarke: Heubach Köppelsdorf 339 3/0 Germany · Charakterbaby Typ Neugeborenes · Einbindekopf · Glas-Schlafaugen · Stoffkörper · Zelluloidhändchen · 40 cm groß · ca. 1925 · gibt es auch farbig.

244 Halsmarke: 320 6/0 Germany · Kurbelkopf mit Perücke · blaue Glas-Schlafaugen · Nase mit durchstochenen Nasenlöchern · offener Mund mit Zähnchen · Composition-Babykörper mit 4 Gelenken · 33 cm groß · ca. 1925.

245 Halsmarke: Heubach Köppelsdorf 342/2 Germany · Kurbelkopf · Echthaarperücke · braune Glas-Schlafaugen · offener Mund · Composition-Babykörper · 40 cm groß · ca. 1925 · eine der häufigsten Ernst-Heubach-Puppen, gibt es auch farbig, manchmal mit Schnuller-Zugstimme.

Südseebaby

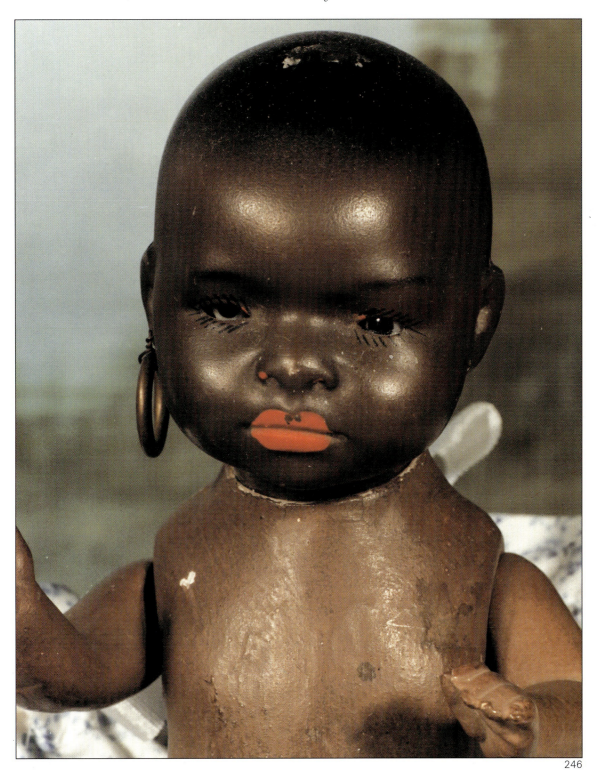

246

246 Halsmarke: Heubach Köppelsdorf 399/14/0 D.R.G.M. Germany · *Südseebaby,* für Firma A. Luge & Co., Sonneberg, hergestellt · Kurbelkopf mit gemalten Haaren · Glas-Schlafaugen · geschlossener Mund · Composition-Stehbabykörper mit 4 Gelenken · 22 cm groß · ca. 1930.

Seriennummern 419/452

«Gipsy»

247

248

249

247 Halsmarke: Heubach Köppelsdorf 419 13/0 Germany · seltenes und ungewöhnliches Googly · Kurbelkopf mit brauner Perücke · blaue Glas-Schlafaugen · winziges geschlossenes Mündchen · Composition-Körper mit 4 Gelenken · 21 cm groß · ca. 1928.

248 Porträt des Googlys Bild-Nr. 247.

249 Halsmarke: Heubach Köppelsdorf 452 16/0 Germany · Gipsy · Kurbelkopf mit gemalten schwarzen Haaren · braune Glas-Schlafaugen · offener Mund mit 2 Zähnchen oben · durchstochene Ohren mit Ohrringen · Composition-Körper mit 4 Gelenken · 20 cm groß · ca. 1930.

Seriennummern 418/463

250

251

252

253

250 Halsmarke: Heubach Köppelsdorf 418/14/0 · Neger · Kurbelkopf · modellierte krause Haare · Glasaugen · breiter offener Mund mit Zähnchen · durchstochene Ohrläppchen · Composition-Babykörper · 20 cm groß · ca. 1925.

251 Halsmarke: Heubach Köppelsdorf 463/14/0 · Neger · Kurbelkopf · gemalte Haare sowie kleiner schwarzer Haardutt, der aus einem kleinen Loch oben im Kopf kommt · Glasaugen · offener breiter Mund mit Zähnchen · ein Messingring durch die Nase, zwei durch die Ohrläppchen gezogen, einer um den Hals · Composition-Babykörper · 20 cm groß · ca. 1930.

252 Ganzaufnahme der Puppe Bild-Nr. 250.

253 Ganzaufnahme der Puppe Bild-Nr. 251.

Puppenkleider

Die Kleidung bei Charakterpuppen

Alte Puppen haben die Zeiten meist besser überstanden als die Kleidung, die sie ursprünglich trugen. Nicht nur die starke Beanspruchung beim Spielen war dafür verantwortlich, auch der Wechsel der Mode bewirkte, daß die Puppen von Zeit zu Zeit neu eingekleidet wurden. So ist es eher ein Glücksfall, eine alte Puppe in Originalkleidung zu finden. Bei den Heu-

254

bach-Puppen verhält es sich ebenso, und so steht man nicht selten vor der Aufgabe, eine alte Puppe neu einkleiden zu müssen – aber wie?

Die beste Informationsquelle dafür, wie Charakterpuppen zu ihrer Zeit gekleidet waren, sind Abbildungen in Katalogen und auf Werbekarten aus der Zeit. Oft wurden sie da lediglich in Hemd oder Unterkleid angeboten, und Puppenmütter oder deren hilfsbereite Mütter kümmerten sich selbst um die Garderobe des Puppenkindes. Originalkleidung ist aber die Ausstattung, in der die Puppe damals zum Verkauf angeboten wurde. Beim Durchblättern dieser alten Kataloge finden wir auch viele bekleidete Charakterpuppen und damit tausend Anregungen, wie wir unsere nur mangelhaft oder ganz und gar unbekleideten Puppen anziehen können.

Matrosenkleidung war für Puppenjungen und -mädchen sehr beliebt, auch Mäntel und Jacken mit Matrosenkragen. Mindestens ebenso beliebt war das bequeme Hängerkleid, zu dessen Schutz eine Schürze oder ein Schürzenkleid übergezogen wurde. Da gab es Schürzen aus strapazierfähigem Stoff für alltags und feine weiße Schürzen mit Spitzenbesatz für besondere Anlässe. Knaben trugen häufig knielange Hosen mit passendem Hemd und Jacke, wobei die Schildmütze nicht fehlen durfte. Auch Pullover mit Strickmütze und Schal sind auf diesen Abbildungen zu finden.

Marion Kaulitz kleidete ihre Künstlerpuppen vorwiegend in bunte Trachten. Vielleicht durch sie inspiriert, sind danach auch viele Charakterpuppen im Trachtenlook zu finden. Dirndl und Lederhose sind am beliebtesten, aber auch Puppen in Holländer-Tracht oder im Schottenrock samt Dudelsack waren in Mode.

Eine ebenfalls beliebte Möglichkeit war es, eine Puppe in ein Kostüm zu stecken und sie so eine bestimmte Rolle spielen zu lassen. «Rotkäppchen» oder «Hans im Glück» waren solche Rollen, aber auch Krankenschwestern gab es und, wie wir heute mit Befremden feststellen, Puppensoldaten in Uniform waren keine Seltenheit. Lustiger ist da schon ein «Schwarzer Peter» (K&R Nr. 101 mit brauner Haut), der auf einer Karte zu bewundern ist und der mit seinem bunten Anzug, mit Stock und Zylinder wie ein Zirkusdirektor aussieht. Diese Kostüme nachzuschneidern, ist bestimmt nicht ganz einfach, sie bieten aber eine willkommene Abwechslung im Matrosenanzug-Schürzenkinder-Einheitsstil.

256

Es ist übrigens interessant zu sehen, daß die «klassische» Puppe auf diesen Abbildungen noch ganz in der herkömmlichen Puppenmode gekleidet war. Das waren aufwendige Kleider mit Volants und reichlich Spitzen besetzt, mit Schleifen und Rüschen verziert. Dazu trugen diese Puppen riesige Spitzenhauben oder Blumenhüte. Lockenperücken, Schirmchen, Täschchen und sogar Fächer gehörten zu diesen kleinen Damen, die in dieser Aufmachung nur artig stehen und sitzen konnten. Für Charakterpuppen war diese Art der Kleidung nicht gedacht. Sie sollten ja «echte» Kinder

255

sein, die herumtoben und sich wie Kinder benehmen durften. Das sollten wir unbedingt beachten, wenn wir Charakterpuppen neu einkleiden wollen.

254 Puppenpärchen von Ernst Heubach, Köppelsdorf in kleidsamer Renchen/Baden-Tracht.

255 Charakterpuppen-Pärchen der Gebr. Heubach in passender Matrosenkleidung.

256 Original-Kleidung der Prinzessin-Juliana-Puppe.

Schnittmuster nach dem Originalkleid der «Prinzessin-Juliana-Puppe»

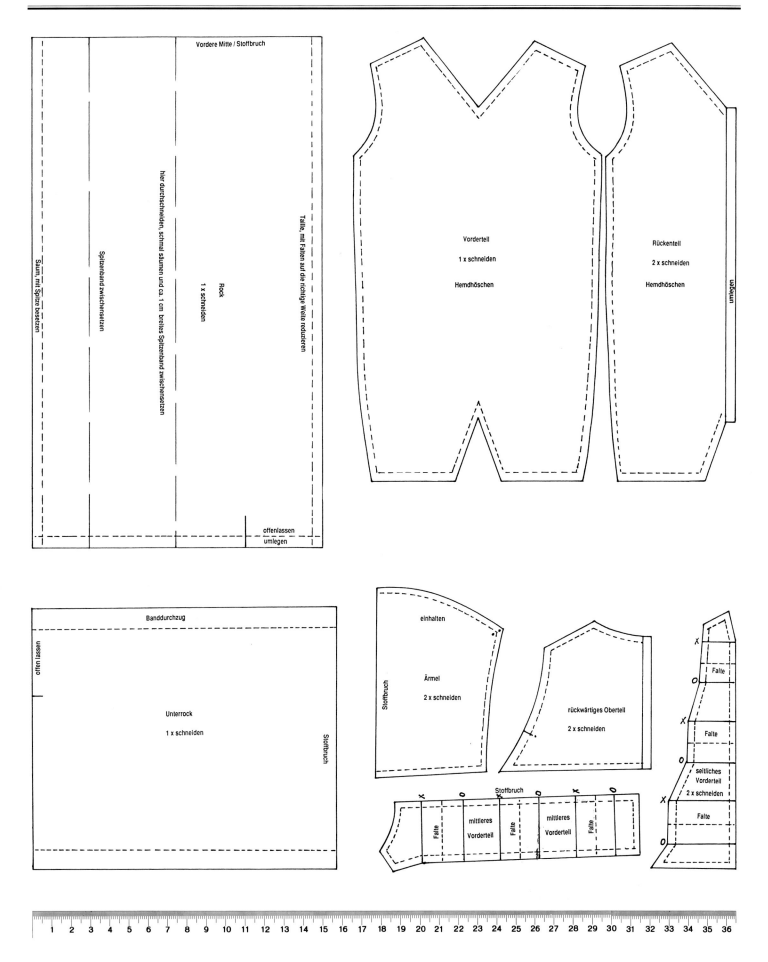

Schnittmuster maßstabsgetreu verkleinert.

Sammlerkriterien für Gebr.-Heubach-Puppen

Kurbelköpfe der Coquette in 5 verschiedenen Größen; nur mit Heubach-Quadrat gemarkt.

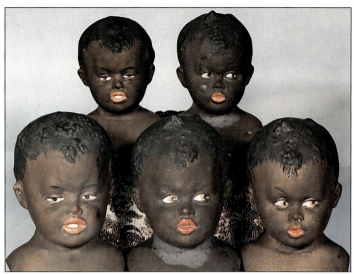

Neger-Brustblattköpfe, Seriennummern 7658 und 7659 in verschiedenen Größen.

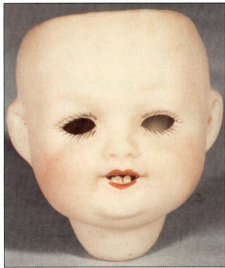

Später Kurbelkopf, Seriennummer 12986 ohne Augen mit offenem Mund und Zähnchen.

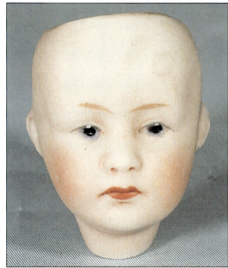

Kurbelkopf mit Intaglio-Augen.

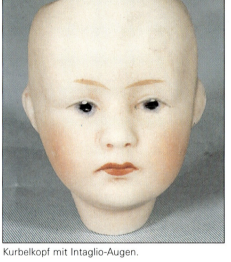

Kurbelkopf Seriennummer 6969 wie links nebenstehend mit nur teilweise ausgeschnittener Kopfkrone · nur bei den Gebr. Heubach beobachtet.

Innenansicht eines Brustblattkopfes aus rosa durchgefärbtem Biskuit.

Sehr seltener Geradhalskopf.

Gipsform und Püppchen mit 3 Schleifen, siehe auch Bild Nr. 169, von einer unbekannten Fabrik in Celluloid nachgemacht.

Sammlerkriterien

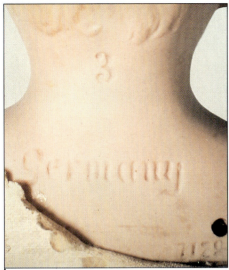
Meistens überklebte Markierung, hier Nr. 7129, am unteren Rand eines Brustblattkopfes.

Halsmarke eines Kurbelkopfes mit der Seriennummer 7602.

Halsmarke eines Kurbelkopfes mit der Seriennummer 8192.

Verschiedene Puppenkörper: 3 aus Composition, davon 1 Babykörper sowie ein Lederkörper.

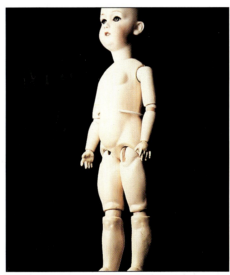
Ein Composition-Körper mit 10 Gelenken: Schulter-, Ellbogen-, Hand-, Oberschenkel- und Kniegelenke.

Links ein Toddler-Compositionkörper, rechts ein Stoffkörper, bei dem die Unterbeine gleich mit schwarzen Strümpfen versehen wurden.

Ausschnittvergrößerung eines Intaglio-Auges.

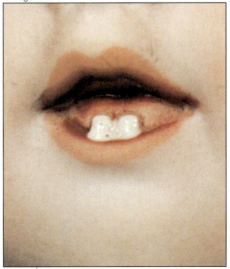
Ausschnittvergrößerung eines offengeschlossenen Mundes mit 2 anmodellierten Zähnchen im Unterkiefer.

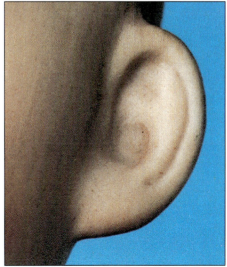
Ausschnittvergrößerung eines abstehenden Ohres.

Materialien und Lieferanten

Reproduktionen

Die Reproduktionen alter Puppen – als solche gekennzeichnet – haben schon längst ihren anerkannten, festen und eigenständigen Platz in der Puppenwelt eingenommen und werden heute genauso geliebt und gesammelt wie alte Puppen. Allerdings ist es noch nicht lange her, daß sie von den meisten Sammlern eher mißtrauisch und ablehnend betrachtet wurden. Viele dachten, daß die Herstellung von Nachbildungen sich nachteilig auf den Wert ihrer alten Puppen auswirken könnte. Das war anfänglich verständlich, zumal die ersten Reproduktionen des öfteren auch als Fälschungen mißbraucht wurden. Mittlerweile hat alles sein richtiges Verständnis bekommen. Man weiß, daß sich Fälschungen, wenn überhaupt, nur bei sehr kostbaren Puppen rentieren und daß es künstlerische Fähigkeiten und technische Finessen erfordert, um sie in hoher Qualität herzustellen. Vor ca. 10 Jahren war es eher möglich, die Fälschungen einer alten Puppe zu verkaufen. Heute kann sich der Sammler jedoch anhand der Fülle einschlägiger Fachliteratur so gut informieren, daß er sich weitgehend von Fehlkäufen schützen kann. Außerdem sollte man teure Exemplare nur von seriösen Händlern, Auktionshäusern oder privaten Sammlern kaufen und sich unter allen Umständen eine Expertise oder Echtheitsbescheinigung geben lassen.

Der Puppenmarkt kann heute einfach nicht mehr auf die Herstellung von Reproduktionen verzichten. Die Nachfrage nach seltenen, alten Puppen ist mittlerweile so gestiegen, daß sie nicht mehr gedeckt werden kann. So greifen immer mehr Puppensammler auch nach guten Reproduktionen, um das gewünschte Puppenkind wenigstens als Nachbildung zu besitzen.

Noch unter einem anderen Gesichtspunkt hat die Reproduktion Bedeutung: Über das Reproduzieren schöner alter Puppen haben manche – vornehmlich Frauen – wahre Meisterwerke geschaffen, so daß man oft nicht weiß, ob die Reproduktion oder das Original schöner ist. Sie haben an den Reproduktionen ihre handwerklichen Fähigkeiten erprobt, geübt und vervollkommnet und bisweilen erkannt, daß sie selber künstlerische Talente besitzen, von denen sie vorher nichts ahnten. So sind manche über diesen Werdegang zu eigenem kreativen Schaffen von Künstlerpuppen gekommen.

Man könnte sagen, daß über das Sammeln von alten Puppen, Fertigen von Reproduktionen, Schaffen von Künstlerpuppen eine ideale Entwicklung entstanden ist, die dem gesamten Puppenhobby geholfen, es belebt und bereichert hat. Sammler, die zuerst Reproduktionen gesammelt haben, wollen irgendwann einmal auch ein Original haben und umgekehrt, denn so mancher Sammler alter Puppen kauft sich gerne auch einmal die Reproduktion einer ganz seltenen, teuren Antikpuppe, die er sich im Original nicht leisten kann und auch nicht immer im Museum zu Gesicht bekommt.

Anschließend noch einige Adressen zum Bezug aller erforderlichen Materialien für interessierte Puppenmacher:

Kesting KG
Am Neugrabener Bahnhof 33
Postfach 920 240
D-2104 Hamburg 92

Piet van der Sluis
Het Poppengilde
Kerkhoflaan 24
NL-1161 JC Zwanenburg / Niederlande

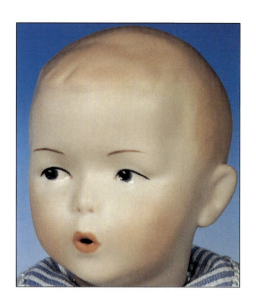

M. Wanke GmbH
Robert-Bosch-Straße 6
D-6250 Limburg

Ilse  Schweizer
Puppen · Puppenstuben und Zinnfiguren

Ihr führendes Fachgeschäft
für Puppenhäuser · Bauteile · Bausätze ·
Puppenstuben · Zubehör · Puppenmöbel ·
Puppenläden · Accessoires · Künstlerpuppen · Teddybären.

Unsere Miniaturen werden von uns selbst
und internationalen Künstlern
hergestellt.

Sonderanfertigungen
sind möglich.

Maxburgstraße 4 · 8000 München 2 · Telefon (0 89) 29 37 97

Foto: Anne Jackson

Richard Wright Antiques

Flowing Springs and Hollow Roads
Birchrunville, PA 19421 / USA

Telefon 001 - 215 - 827 - 7442
Geschäftszeiten: Dienstag - Samstag 9.30 - 17.00 Uhr
Januar und August nur Donnerstag - Samstag 9.30 - 17.00 Uhr

Wir sind ständig am Ankauf von antiken Puppen oder ganzen Sammlungen interessiert.
Richard Wright und Richard Saxman